反米の選択

トランプ再来で増大する“従属”のコスト

大西 広

ワニブックス
PLUS新書

序章　—トランプ2・0が迫る日本の選択—

「今日の日本は、一応独立国の体裁をなしているが、アメリカとの関係からいえば、甚だ不完全な独立国にすぎない。福澤時代の明治日本が、幕末以来の不平等条約のために、半独立的性格を余儀なくされていたのと同じようなものである。現在の不完全な独立を完全な独立に進めることこそ、今後最大の国民的課題でなければならない」（伊藤国雄『口譯標注　文明論之概略』1972年、P48）

西側の大方の予想を裏切り、トランプが大統領選で圧勝し、政権に復帰することとなった。日本の報道だけを聞いているとこの結果に驚くこととなるが、選挙戦の最中に実際にアメリカを訪問し、民主党系のCNNテレビと共和党系のVOXテレビの両方を見ると、日本ではその前者の情報しか流されていなかったことに気づく。また、少数ではあっても、現地で聞いた有権者の意見分布も日本の報道とはかなり違うもので、少なくとも私が訪問したアリゾナ州では路上の選挙パネルも圧倒的にトランプの方が勝っていた。選挙の結果を見て感じるのは、日本の報道機関のいい加減さと、それによって日本の事前の対応ができずに終わっているという危機感である。

本書第1章の冒頭の引用文も述べているが、「トランプ2・0のアメリカ」が日本に求めてくるものは「トランプ1・0」の比ではなくなることが予想されている。ハリスであればバイデンの延長であろうと軽く構えていたのが大間違いであった、ということになる。これは大変な失点であり、今から急ぎこの「トランプ2・0」に対処するためには、自民党から共産党まで、北海道から沖縄まで、富者から貧者までもここは一致団結して「過去の延長」でものを考えるのを止めなければならない。冒頭の引用を借りれば、ここは幕末の不平等条約締結時と同じで、この危機にただただ従順に従っているわけにはいかないからである。

実際、ハリスとトランプの国際関係への関心の度合いははっきり違っていて、民主、共和両党の大会での大統領候補の受諾演説ではハリスが日本にもアジアにも一切言及しなかったのに対し、トランプは日本に一度、アジアに三度の言及をしている。また、中国への言及も一度しかなかったハリスに対し、トランプは十四度であるから国際問題への関心の強さがわかる。とりわけ、このうちの一箇所はトランプが唯一日本に言及したところでもあり、その両国――日本と中国が同じく黄金時代を追求しているとの言及となっている。トランプにとり、日本は中国を論じて初めて思いおこされる対象であるというのが情けない。

また、その上でさらに重要なことは、このアジアでの紛争の可能性が大いに強調されていることである。ハリスの演説ではウクライナとパレスチナの戦争が語られていても、アジアへの言及はなかった。だが、トランプは台湾、韓国、フィリピンについて次のように言う。

「世界がかつて経験したことのないような国際的危機が発生した。何が起きているのか、誰も信じられない。ヨーロッパと中東で戦争が勃発し、台湾、韓国、フィリピン、そしてアジア全域に紛争の恐怖が漂い、私たちの地球は第三次世界大戦の淵に立たされている。兵器はもはや、互いに撃ち合いながら行き来する軍隊の戦車ではない。この武器は人間を抹消させるものだ」

もちろん、この発言は「戦争の危険がある」とのもので「戦争を起こす」と言っているのではないが、こうした危険性の認識を持って大統領となり、執務するというのである。アジアのことはアジアが決めるのであって、アメリカにどうこう言われる筋合いはないが、アメリカ大統領がこうしてアジアの特定地域に強い関心をもって対日外交をしてきた時、何が要求されるのか、という問題である。

実のところ、トランプ政権の成立を見越してアメリカの保守派を代表するヘリテージ財団は「プロジェクト2025」という900ページに及ぶ大部な政策提案をすでに発行しており、そこではもっとあからさまな対日要求や対日政策が並べられている。

たとえば、①日本を含む周辺地域への中国の増大する影響力を削ぐためのコストをアメリカ国民の許容する範囲で払う　②アメリカ戦略に寄与する軍事費の一層の分担を要求する　③対北朝鮮戦略でも貢献を期待する　④クアッドでの役割分担も期待する　⑤自由、主権、自由市場という理念を守るべく対中対応での貢献も期待する　⑥「共産中国との戦いのゼロ地点」であるアジア諸国への影響力維持のためにアメリカの援助政策への貢献も期待する　⑦巨額の援助でアフリカに影響力を拡大する中国に対抗した日本の対アフリカ援助の継続にも期待する　⑧中国は一般的な輸出信用供与でも攻勢をかけているのでその方面での貢献も期待する　⑨日本は対米非関税障壁を撤廃すべきである　⑩医薬品の安全性基準などを統一（相互承認）してアメリカ製品を日本はもっと買うべきである、となる。

簡単に言うと、日本はもっとアメリカのために軍事分担をせよ、アメリカの経済的影響力確保のための途上国援助もせよ、そしてもっとアメリカ製品を買え、ということとなる。

アメリカという国は相当に自分勝手な国であることは前々からわかっていたとしても、これを読んで改めて呆れるのは、ここまで平然とよく言えるものだということである。「アメリカ・ファースト」と言えば聞こえは良いが、日本語に換えると「自国本位」となる。戦後80年間、一貫して日本が頼りにしてきた国はこういう国だったのである。

ここで思い出してもらいたいのは、トランプだけが恐ろしいのではなく、アメリカというもの、そもそも相当にひどい存在であったということである。

たとえば、２０２４年春にＮＨＫが放映した「未解決事件　下山事件」という特集番組は本当にショッキングなものであった。１９４９年に東京・綾瀬の線路上で轢死体で発見された下山定則国鉄総裁の事件はアメリカが日本や「韓国」のスパイを雇って起こしたものだったというもので、関係者のしっかりした証言や実行犯周辺が事後に行方不明になっていることなどからも確かな情報と言わざるを得ない。だいたい、そうでもないとＮＨＫがこれほど大々的に放送できるはずはない。つまり、アメリカは国鉄総裁を殺害したのである。

もちろん、これは占領下のことではあり、米ソ対立が目立ち始めていたころのことであるが、その時の事情を評論家的に「ありそうだ」と言っている場合ではない。アメリカという国は国益のためであれば人を平気で殺す国なのだ。ともかく、これが「人権だ」「自由だ」という国の実態である。

読者に考えていただきたいのであるが、この事実を事件の直後に下山総裁の遺族が知ったらどのように思ったのだろうか。また、自国民をこのように殺されてもそれでもなお従属を主張する日本国民がいるとすると、それはどういうことなのだろうか。本書はこうした問題意識から書かれている。

実を言うと、こうした「テレビ番組」以上に、アメリカ自身が2024年に全世界に配信した「オッペンハイマー」という映画の方がもっと世界的な影響が大きかっただろう。「原爆の父」と言われた彼は「共産主義者」との関係を持っていたとはいえ、いかなる意味でもスパイではなかったが、ソビエトとの対抗という「国益」にとって不要となれば「スパイ」ということにされて迫害されてしまっている。国益に合致しない人物はこうして抹殺されているのである。

似た例を挙げるとすれば、パレスチナ問題での反戦デモをする学生には迷わず武力弾圧をする国である。ここに至ってもなお「従属」を主張する人物とはどういう人物なのかを問わなければならない。

確かに、日本はかの第二次世界大戦でアメリカに徹底的にたたかれ（オッペンハイマーの作った原爆という手段で！）、それに敵対することは戦後は一種のタブーとなっていて、さらには講和条約締結後も対米従属が永らく経済成長にとって利益となるとの感覚から不問とされ続けてきた。

資源に乏しい日本が生存するには工業製品の輸出が不可欠であったが、そこで輸出相手国となったのは「西側」諸国だったのであり、あるいはそうした工業品の原燃料を供給していたのも中東やベネズエラ、インドネシアなど当時は完全にアメリカ傘下にあった諸国であった。このため、何よりも「正義」を掲げる左派には「反米」が選択されても、生活を優先せざるを得ない庶民や経済を担う企業家には「反米」は禁句となってしまっていた。

「正義」が通用しないのを情けないと思うか、それが社会だ歴史だと納得するかは別として、ともかくはそれが現実だったのである。

しかし、こうして考えれば考えるほど知らなければならないのは、そもそもが「アメリカは悪」だったのであり（ベトナムで彼らがやったことは何だったか！）、それでもなお「反米」が一致点とならなかったのは経済的な利益性が機能したのだということである。そして、もしそうならば、ここで問われなければならないのは、この「利益」が今もなお存在するのか、あるいはまた今後も存在しつづけるのか、という問題となる。先には本書の問題意識を述べたが、これが本書が問う直接的なクエスチョンである。言うまでもなく、私の回答は「その条件が喪失した」ということになる。

実際、思うのであるが、近年においてじわじわと拡がる「反米」のムード、「日米地位協定の改定」を掲げる石破茂を自民党総裁に押し上げたアメリカへの懐疑の背景にはこうした経済上の変化があると私は考えている。

考えてもみよう。先には、製品輸出によってしか生き残れない日本の輸出先のメインは西側諸国、原燃料の供給元もアメリカ傘下の諸国であったと述べたが、この2つの条件は完全に喪失している。経済成長率は「西側」よりグローバル・サウスの方が高くなり、中東やベネズエラ、インドネシアなどの諸国も今やほとんどが「アメリカ傘下」ではなくなっている。そして、ここに余計な経済的コントロールの制約が加われば「経済的には利益」と言っている場合ではないだろう。この詳細は本書の第2～4章で論じるが、である。

たとえば、近年の二度のゴジラ映画にはともに「反米」のメッセージが含まれている。「シン・ゴジラ」では日本の一大事に米軍は東京への核爆撃という手段を講じようとし、戦後直後を舞台とした「ゴジラ－《マイナス》1・0」では対ソ戦略を気にして武装解除した日本に対処をゆだねている。そして、この二つの映画でも日本国民による一致団結した姿勢が感動を呼び起こしている以上、これを新たなナショナリズムと言わずにいられない。古谷経衡さんという方が小学館新書として出されている『草食系のための対米自立論』でもこの「シン・ゴジラ」はそのように扱われている。

ちなみに、こうした映画系の話でいえば、百田尚樹やかわぐちかいじの同名小説・漫画を映画化した「海賊とよばれた男」（2016年公開）や「沈黙の艦隊」（2023年公開）にも同じメッセージが込められている。出光興産創業者出光佐三をモデルとした前者は、戦前満州での、あるいは戦後のイランとの石油取引でのアメリカの妨害行為を描いており、後者はより直接的に安保政策上の対米自立の必要性を説いている。これらの映画がともに大ヒットしているという状況が、対米自立の必要性の認識がいよいよ広まりかけていることの証拠となろう。

時代は明らかにその方向に動いているのである。

ところで、こうした対外従属の状態を本書冒頭では開国直後の不平等条約締結時のそれと同じであると主張する引用文を掲げたが、その開国直後に「脱亜入欧」を主張したのが福澤諭吉であるとされている以上、その本意についても併せ説明しておきたい。「されている」というのは、「脱亜論」という短い文章が福澤が創刊した『時事新報』という新聞の無署名の社説に過ぎず、かつ彼が生前に編集した自身の全集にも含まれていないからである。そして、そのため、厳格に論を立てる論者は「福澤の著」とは言っていない。

しかし、それでも、彼が主宰する新聞の社説である以上、その掲載を許可したとか、彼の意をくみ取って弟子の誰かが書いたとかというようなことはありうるので「福澤の思想」との関係はやはり強いと言わざるを得ない。それがここでこれを取り扱う理由である。ポイントは、こうだからといって福澤が現在のような西洋国家（アメリカ）への従属を許したのではなく、むしろそれを最も忌み嫌っていたということにある。

実際、福澤の著作の中で最も包括的全面的な評論として知られる『文明論之概略』の最後に置かれている章のタイトルは「自国の独立を論ず」となっている。そして、そこでは、以下のような形で「ヨーロッパ人」への激しい嫌悪が表明されている。すなわち、

「世界古今の歴史を考察しなければならぬ。今のアメリカは、元来だれの国であったか。その主人公たるインディアンは、白人のために追放されて、主客その地位を変へてしまったではないか。…ヨーロッパ人が手を出す先々には、はたして一国の権利と利益とを保ち、真の独立を全うしてゐる国が存在するだらうか。ペルシアはどうか。インドはどうか。シャムはどうか。ルソン・ジャワはどうか。サンドイッチ島（ハワイ）は、…五

十年間に人口の減ること、毎年百分の八である。…白人の奴隷となったといふにすぎない。…今後の成り行きを察すれば、シナ帝国もまさしく西洋人の荘園となるよりほかないであらう。…白人の行く先々は、まるで土地の生気を絶たれた有様で、草木も成長できぬほどの観がある」（伊藤国雄『口譯標注　文明論之概略』慶應通信、1972年、P314～315における口訳）

したがって、福澤があれだけ「学問」を勧め近代化を急がせたのも、彼が「ヨーロッパ」を尊敬してのものでは決してなく、むしろこのように毛嫌いし恐れていたからこそと理解すべきと私には思えてくる。実際、当時にはそうすることなしに「独立」は不可能であった。そして、その趣旨を表現すべく福澤はこの文章を書いた最終章の最後で「国の独立」と題に関した2つの節を書いているのである。いわく……

「あくまで国の独立が目的であり、今のわが国の文明は、独立を達成する手段にほかならない。この「今の」といふ語は、特に意識的に用ひたのだから、読者は見のがさぬやう願ひたい。…ここは…ただ自国の独立達成の手段を仮に文明と名づけたのである。…文明（西洋文明）によらなければ、日本の独立は保てぬことになる」（前掲、P323～324）

「かやうにわれわれの最後の目的は、自国の独立にありと決定しよう」（前掲、P325）

「今の日本の人心を維持するには、ただこの国家独立の自覚を促す以外にはない」（前掲、P327）

慶應義塾の人間としてここでひとつあまり知られていないことを書くが、1－2年生が学ぶ横浜市港北区日吉のキャンパスに「独立館」というものはあっても「脱亜館」というようなものはない。というか、数ある建物の中で福澤の標語を建物の名前にしているのは正真正銘「独立館」だけである。国家の「独立」が福澤の何よりの目的であったことをこの意味でも確認しておきたい。

ただ、これが真の目的ではあっても、福澤は真のリアリストとして、ただ理想を語るだけに終わることはできず、よって憎き西洋文明を進取せざるを得ないのだとその本来の趣旨を吐露せざるをえなかった。この書＝『文明論之概略』の最後にこのようなことを書かざるを得なかったのはそのためであるが、ともかくこの苦渋の選択をどうしてもせざるをえなかった切迫感も重要である。福澤はそのことを次のように表明している。

「対外関係はわが国の一大難病で、これを癒すのは、国民自身の力以外にはない。…この章の初めに、「わが国は決して無事太平の日ではない。むしろ事態は昔に比べて一段と困難だ」と言ったが、それはこの対外関係の難症を言ったのである。…してみれば今日の日本人たる者は、どうして気楽に日を送ることができようか。いたずらに休息してゐてよからうか」（前掲書、P317）

したがって、今この文章を読んで誰もが思うのは、もし今福澤が生きていればどう主張したのか、ということであろう。あるいはもっと端的に言って、現状のこの対米従属をどう評価したのか、ということであろう。歴史に〝if〟はないが、「福澤は脱亜入欧を言った」と言う前に、彼が「欧」とどれだけ闘おうとしたのか、こそが問われなければばならない。

そうした視点・観点からこれまでの「入欧」を再評価し、これからの日本を論じようとするのが本書である。

目次

第4章　今回の円安も従属を深める……97

第7章　ボタンをかけ違った東京裁判……171

第1章　応じられない「トランプ2・0」の要求

「日本政府は2027年度に防衛費を国内総生産（GDP）比で2％に増やす方針だが、トランプ氏とそのスタッフは、対中対抗のためには「3％が必要」と一段の増額を要求する可能性は十分にある」

（渡部恒雄「トランプ2・0はNATOとウクライナの試練に　台湾情勢で米中緊張の激化も」『エコノミスト』ONLINE　2024年9月2日）

「予測不能」なトランプが帰ってくる

「ハリスになればバイデン外交が継続されるだろう。しかしトランプになるとどうなるかわからない！」――これは異口同音に語られてきた「外交専門家」の言い方で、日本でも選挙戦の最中、9月3、4日に言論NPOが東京で開催したシンポジウムでもすべての「専門家」がその立場を採っていた。私の見るところ、肉体労働者風の言いまわしでまくしたてるトランプと同類と見なされることを避けた逃げ口上に聞こえるが、トランプの復活は「政権交代」なので確かに政策は大きく変化することにある。ただし、我々の課題はその「予測不能」を「予測可能」とすることであって、専門家がその役割を果たせていないことに正直がっかりする。

これは言い換えると、「専門家」なるものがいつも現状の延長でしかものを考えることができていなかったことを意味するが、その「現状」はそろそろ根本的に転換されなければならない段階に達している。たとえば、1970年代にニクソン大統領が金とドルの交換を停止し、米中関係の改善という大転換をリードしたが、アメリカ一国で世界の半分をカバーしきれなくなったアメリカがこうした転換をいつかしなければならなかったのは確かなことであった。そして、もしそうすると、中国のプレゼンスが科学技術と経済でここまで高まり、合わせてグローバル・サウスがここまで前面に出るようになった現在ではどのような変化が必要かが再度問われなければならない。トランプの「予測不能性」はそうした要素なしに考えられないということが重要である。

実際、ニクソンと同じく共和党に属する（もっと言うと奴隷解放というこれも大転換を成し得たリンカーンと同じく共和党に属する）トランプの外交は従来のアメリカ外交の継続ではまったくない。序章でも見たように、相当に明確な「アメリカ・ファースト」であり、いいかえれば「自国本位」であり、よって日本を含む同盟国への今後の要求は過去とは比較にならないものとなる。岸田政権がバイデンに約束してしまった軍事予算のGDP比での倍化の厳格な実現にとどまることなく、本章冒頭に掲げた渡部恒雄氏の言葉のごとくGDP比3％への3倍化の可能性も現実にある。序章で述べたように軍事費の負担分担は「中国の膨張を抑えるため」であり、「北朝鮮の核放棄のため」であるから、そしてアメリカの軍事負担は「アメリカ国民の容認する限り」であるからである。

それらの条件が満たされなければいくらでも増やすという論理となっているからである。

　こうした「自国本位」の政策は純粋に経済的な分野でも高い確率で予測される。それは第1期トランプ政権で国家安全保障補佐官を務め、第2期トランプ政権でも国務長官か国家安保補佐官になると見られているロバート・オブライエン氏が選挙中の9月10日に米政治専門紙「ザ・ヒル」に寄稿文を書いており、そこではアメリカの技術開発企業が中国など「敵国」からだけでなく韓国や日本、欧州企業からも不公正な競争条件に置かれており、この解消のためには少なくとも同盟国に巨額の罰金を賦課すべきだとしているからである。これは彼が政権に復帰した時、実際にこの政策が導入されかねないことを意味しており、非常に危険である。

　日本が今後も「同盟国」でい続けられるならば、つまり今後も変わらず対米従属を続けるなら、我々は今後ずっとこうした要求に応え続けなければならなくなる。この一点だけをとってもそろそろ「同盟国」を止めなければならないと読者には訴えたい。同じことをしても「同盟国」でなければ「罰金」は要らない、「同盟国」ならそれを払えというアメリカに今後もついて行くのかどうかが問われる選挙結果なのである。

民主党政策の継続なら良かったのか

ただし、こうしてトランプ政権の危険性を主張すればするほど、それではバイデン＝ハリスなり民主党なら良かったのかという問いにも答えなければならない。先の言論NPOの「専門家」と同様、バイデンやハリス、そして民主党の「ものわかりの良さ」を評価するなら、上記のような過酷な要求はなされないとは思われるものの、それはその方が「同盟国の離反」という破局的な結果を招かずにすむと考えているだけのことで、「同盟国」たるものの本質がなくなるわけではない。

日本はこの「同盟国」を続けることによって、すでに日米繊維交渉の時代から何度も何度もひどい目に遭ってきたのであって、本書ではそのことを次章から詳しくフォローすることになる。今後、予測される事態が厳しいからと言って従来が良かったということには決してならないのである。

実際、このオブライエン氏の論文にしても序章で見た「プロジェクト２０２５」にしても、「中国の膨張」やアメリカの弱体化のもとでどうすべきかという観点からのもので、それこそがニクソン（やリンカーン）に通じる「路線転換志向」のものの見方であった。それは、トランプや共和党が「路線維持」をそもそも持続不可能と見ていることを意味する。あるいは、少し言い換えて、「同盟国」に対する過去とは比較にならない規模の負担分担要求をしなければアメリカ自身がもたなくなる、アメリカ国民の負担が限界を超えると考えているということになる。トランプや共和党が「アメリカ・ファースト」という名の「自国本位主義」の権現のようになっているのはそのためである。

しかし、こうしてアメリカ国民の負担がどうなろうと我々には知ったことではない。アメリカが世界でしてきたこと、我々にしてきたことの是非こそが問われなければならないのであって、それが本書の目的である。私は経済学者なのでその検討は主に経済問題にしぼられるが、である。

たとえば、トランプが「アメリカ・ファースト」を叫ぶ一方で、バイデンや民主党が叫ばなかったのは「世界の正義」を守る庇護者としての大国の自覚を持っていたからだとされる。

だが、アメリカが「世界の正義」としてやってきたことは殆どすべてがその真反対のものであった。「民主主義の庇護者」を自称してアメリカは中東やウクライナに民主主義を導入したが、多数派宗教と少数派宗教が国内で激しく対立している国（ユーゴスラビアやアフガン、イラクやシリア）や多数派民族と少数派民族が国内で激しく対立している国（その典型がウクライナ）に多数決民主主義を導入してもそこで社会分裂と内戦しかもたらされなかったことを我々は知っているからである。

もっと言うと、たとえば民主党政権が在韓米軍を維持・強化してきたこと自体、それが朝鮮半島の緊張関係を少しも緩和できなかったのだから、それを肯定的に評価できない。第1期トランプがやったことは、この緊張関係自体を壊そうとし、金正恩との2度の会談を行ったのもそのためであった。

私から見れば、この意味で第1期トランプがやっていたことの方がよほど「世界の正義」に合致する。バイデン＝ハリスやアメリカ民主党の善悪観をそのまま鵜呑みにしてはならないのである。

今後の焦点は同盟国との間に移行

ただし、そうして「バイデン＝ハリスとアメリカ民主党の欺瞞」を暴くとしても、もちろん、今後に強まる上記のようなトランプ第2期政権の対日要求をおとなしく呑んでいくだけでは本当に従来システムからの脱却をすることにはならない。過酷で不当な要求をはねのけ、「同盟国」であり続けるのを止めること、言い換えれば対米従属からの脱却をして初めてここ東アジアでの軍事的緊張関係を打破することができる。トランプが再選され、より一層過酷な要求が出されることが予想される今こそ、この「反米の選択」が求められるようになっているのである。

なお、こうしてバイデン＝ハリスの民主党との路線上の本質的な対立を見れば見るほどアメリカ国内での路線対立が激しいものであったと予想される。前回選挙直後の例の国会議事堂襲撃事件は記憶に新しく、またその選挙自身に不正があったという議論もそれなりに説得力がある。日本では選挙の不正などありえないというような議論がなされているが、私は少なくとも堤未果氏の本を読んでありうることだと考えるようになっている（堤未果『株式会社アメリカの日本解体計画』経営科学出版、2021年、P8-9）。

実際、その告発によると2020年の選挙では選挙の不正を問う訴訟が50も起こされ、それらの裁判で証言や異議申し立てを行った者の数は数千人にのぼっている。そして、その上で実名入りの映像や法律家の分析、投開票や統計データなどを詳細に検証した結果として当時のピーター・ナヴァロ大統領補佐官が民主党陣営の大規模な不正があったと公表している。単に民間人がデモや集会で不正を糾弾した、というレベルではなかったのである。

ついでに言うと、こうした直接的な選挙の手続きについてだけではなく、ツイッター（現　X）とフェイスブックによる「世論誘導」もがなされていたという告発もあった。選挙直後の20年11月に行われた上院司法委員会公聴会の場での話であるが、ツイッターとフェイスブックがバイデン側のスキャンダル報道を閲覧不可にしたり、トランプと共和党を支持するメンバーのアカウントを凍結し、拡散を阻止したりしたことが追及されている。

さらに、アメリカの行動科学研究所がアリゾナ、フロリダ、ノースカロライナで行った大規模な有権者調査でも、グーグルがバイデン側に有利となるような検索結果表示の順番操作をし、民主党支持者のネット画面にのみ「投票を促す表示」を出していたことが明らかとされている。ちなみに、これら3社ともバイデン候補に多額の献金をしていたというから、あまりにあからさまというしかない。日本の選挙制度にも数多の問題があるが、「お金を持つ者は何でもできる」「SNSを支配する者には何でもできる」という恐ろしいシステムとなっているのである。

そもそも金まみれなアメリカ政治

ところで、堤未果氏のこの書物が重要なのは前々回選挙でトランプと闘ったヒラリー・クリントンを例にアメリカ政治がどれほど金まみれのものであるかを暴いているからである。「エスタブッシュメント」中の「エスタブリッシュメント」なヒラリーは、自身の大統領選挙で「私が大統領になったら、何よりもこの国の〝政治と金問題〟を最優先で改革する」と言っておきながら、ゴールドマン・サックス社内の講演では「私は御社からの支援を忘れない。あなた方の要望を他の何よりも優先する」と発言しているのである。

製造業重視のトランプに対し（貿易問題に関心があるのはそのため）、民主党が金融界といかに癒着しているかを表しているが、ヒラリーをしてここまで二枚舌なのは、「支援」という名の「金」がアメリカ政治で決定的な力を持っているからである。

実際、アメリカ政治を理解する上で決定的に重要なのは、恐ろしい額の政治献金が「ロビー活動」で乱発されていることである。これもまた堤未果氏の書から紹介すると、やはりまたゴールドマン・サックス社が前面に出てくるが、オバマ政権発足による金融規制強化の可能性を阻止するためにゴールドマン・サックス社は毎日百万ドルずつ国会議員や司法関係者ばら撒いている。また、彼の大統領就任式の開催にも金融界は何百万ドルを寄付し、彼らはその就任式の最前列に陣取ることとなった。就任式もまた企業の献金でされるというアメリカ政治の在り方には正直驚かされる。

現在のアメリカではこうしたロビイストが約３万人もいるとされているが、これは国会議員総数535人で割ると一人当たりで60人近いということになる。そして、彼らは軍需企業や製薬業界、IT業界にバイオ業界などといった利益を背負って年間3500億円以上をばらまいている。時にはITメジャーのGAFA4社だけで年間55億円をばらまいたとされている。日本の政治もひどいものだが、この話を聞けばまだましかと思ってしまう。

そして、ここで重要なのは、こうした「ロビイスト政治」で対日政策も決められているということである。そこには日本国民が関わる余地がないばかりでなく、一般のアメリカ国民でさえもちろん関わることができていない。「エスタブリッシュメント」と呼ばれるエリート層だけが政治の帰趨を決める。それが隠されたアメリカ政治の実態なのである。

最深部でアメリカを規定する反エリートの庶民層

なので、当然アメリカの一般庶民の彼らエリート層への反発も強く、それがたとえば、トランプの集会でも写真のような形で表現されることとなっている。この写真はトランプが激戦州ペンシルベニアで行った集会の様子であるが、トランプの背後にヘルメットをかぶった労働者を並べ、自身はエリート層の代表ではなく労働者の代表なのだとのアピールがされているからである。

この姿勢は実のところ、トランプが前回２０１７年1月に行った大統領就任演説でも相当意識的に表明されていた。そうしなければならないほど、庶民の生活が苦しくなり、よってエリート層への憎しみが深く広範に浸透していたのだとの理解がポイントなのであるが、である。

「ずっと前から、ワシントンＤＣの小集団・エスタブリッシュメントだけが儲け、あなたたち米国民は失業や貧困にあえいでいる。だが今日からは違う。米政府はあなたたち米国民のものだ。（トランプが主導する）この運動は、米国の国家を（エスタブ小集団の支配から解放し）、米国民のための存在に変えるためにある」

ラスト・ベルトのひとつペンシルベニアでのトランプの集会。参加者はヘルメットをかぶって肉体労働者であることをアピールしている（写真:ロイター／アフロ）

この写真の集会が行われたペンシルベニア州はニューヨークに近い東海岸に位置しつつもその北部地域は「ラスト・ベルト」と呼ばれる製造業の衰退が著しい地域で、高成長期に順調に暮らせていた製造業労働者が失業と没落の憂き目に遭っている。ついでに言うと、この「製造業の衰退」の主要な原因が日本、中国、韓国の「不公正競争」にあると彼らは考えるのでこの問題への関心は先の「プロジェクト２０２５」にあるような貿易問題の強調をもたらしている。第1期トランプ政権の対中高率関税の設定がそれであるが、トランプはさらに高率な関税を輸入車にかけると7月19日の共和党大会での候補者受諾演説で述べている。この対象には言うまでもなく日本が含まれている。

ちなみに、私もアメリカ留学中にこの「ラスト・ベルト」のひとつオハイオ州のヤングスタウンという町を訪問したことがある。もう20年も前の話となるが、一帯に広がる小綺麗な一戸建て住宅のすべてが鉄鋼業の衰退で空き家となっている様子を見て、事態のひどさを思い知らされている。一旦は誰もが小奇麗な庭付きの一戸建て住宅に住めていた主に白人の製造業労働者たちが、そうした生活を棄てざるを得なくなっていたのである。

もうひとつ、トランプがこうした没落白人労働者層にターゲットをしぼって選挙運動をしてきたことは、副大統領候補にこの地「出身」のJ・D・ヴァンスを選んだことからも見て取れる。ヴァンスの半生は彼自身が書いたベストセラー小説『ヒルビリー・エレジー』で知ることができるが、南部からオハイオ州に移住して父親が勤めた鉄鋼企業の業績悪化が町全体を荒廃させた様をリアルに描いている。また、その中で田舎的な粗野さと気前良さを併せ持った祖父母の時代から「荒廃」を絵に描いたような母親の世代を経て本人自身も虐待に消耗する毎日を過ごすが、海兵隊への入隊を経て社会規範の重要性を確信する。そして、それとともに、その実態をわかっていない「エスタブリッシュメント」、その代弁者としてのオバマや民主党への強い不信感を持ったという話がもととなっている。

単にトランプがこの「ラスト・ベルト」を票田としているということだけでなく、過去の保守的社会規範への郷愁と没落を脱却する唯一の手段としての「自己責任」思想を体現する候補、さらには家族関係を重視する保守思想の候補として選ばれたということが重要である。将来の大統領候補ともなりうるまだ40歳の重要人物と言える。

ともかく、こうしてその存在を正当に認知されてこなかった没落白人層の不満と恨みは深く広範で、それを「トランプ2・0」が代弁しようとしていることを知ることは重要である。アメリカがこのようでなければトランプもこうならず、かつまた当選もしない。トランプという一個人の「予測不能」な個人的志向の問題ではなく、もっと一般的な「アメリカの現実」がここにあるのである。

したがって、このアメリカから独立しようという本書の提案は、何らかの事情で一度や二度、異なる指向性の大統領が当選しようが関係ない。もっと大きなところで起きている大きな変化を問題としているのである。

不法移民の流入ルートを視察して

ただし、トランプが「アメリカ・ファースト」を掲げ、言い換えると他国との対外関係で強い主張をするようになったもうひとつの論点としての不法移民問題も重要である。今回の選挙戦では、実のところ、共和党の候補者受諾演説以降の主要なテーマはやはり物価高や減税と並んで不法移民問題が挙げられていて、この深刻さの一端は私も9月の訪米で感じることができた。訪問先はアリゾナとカリフォルニアに限られるが、不法移民の北上ルートにあたる砂漠の真ん中のチェックポイントで私の乗ったバスがチェックを受けたり、3箇所のメキシコ国境を通過したりで、この膨大な国境通過者の何%かがビザ期限を越えた後も滞在し続けるのだろうと思ったからである。

もちろん、これらの他、国境の川を越えて来る不法移民もいれば、自動車に隠れて入

先が見えないほど並んでいるアメリカ入国待ちの人々。ティファナ、サンディエゴ間の入管付近で（24年9月21日筆者撮影）

国する不法移民もおり、さらにはトンネルを掘って越えてくる不法移民もいる。このトンネルの話は、アリゾナのユマという国境の町で現地の人から聞いた。ともかく、すでにアメリカには1100万人を超える不法移民が滞在し、それは総人口の3％を超えている。乗ったバスでも（もちろん本人に聞く訳にはいかないが）、街中でもそれらしきヒスパニックはいくらでもいた。

ただ、問題なのはこうした不法移民の滞在をおおっぴらげにサポートしている都市や集団がいる（!!）ということである。不法移民も人間なので彼らを支援したいと思う民間人の気持ちもわかるが、「聖域都市

（sanctuary city）」と言われる相当数の自治体や州が公式に国境警備隊に協力しないとしているなどというのは日本では信じがたいことである。アメリカには彼らを低賃金で雇う企業家がいくらでもいて、不法移民も入国さえすれば何とか生きていけるのであるが、それに民間慈善団体のサポートと民主党政権時に導入されたＤＡＣＡという限定的な追放猶予措置が不法移民入国のさらなる誘因ともなっている。トランプなど不法移民禁止派は不法移民が犯罪の温床となり、かつまた労働者の雇用を奪っているとするが、である。

民主党も「自国本位」

しかし、もしそうなら何故に民主党は彼らの滞在を許そうとしてきたのか。その公式の理由は「人道支援」となっているが、不法移民の実態を丁寧にレポートした田原徳容氏の『ルポ不法移民とトランプの闘い』（光文社新書、２０１８年）を読めば、それによって利益を得る受け入れ側の意向が反映されていると深読みせざるを得ない。田原氏

図1-1　「聖域都市」優遇の州(黒)と「聖域都市」を禁止している州(灰)の分布

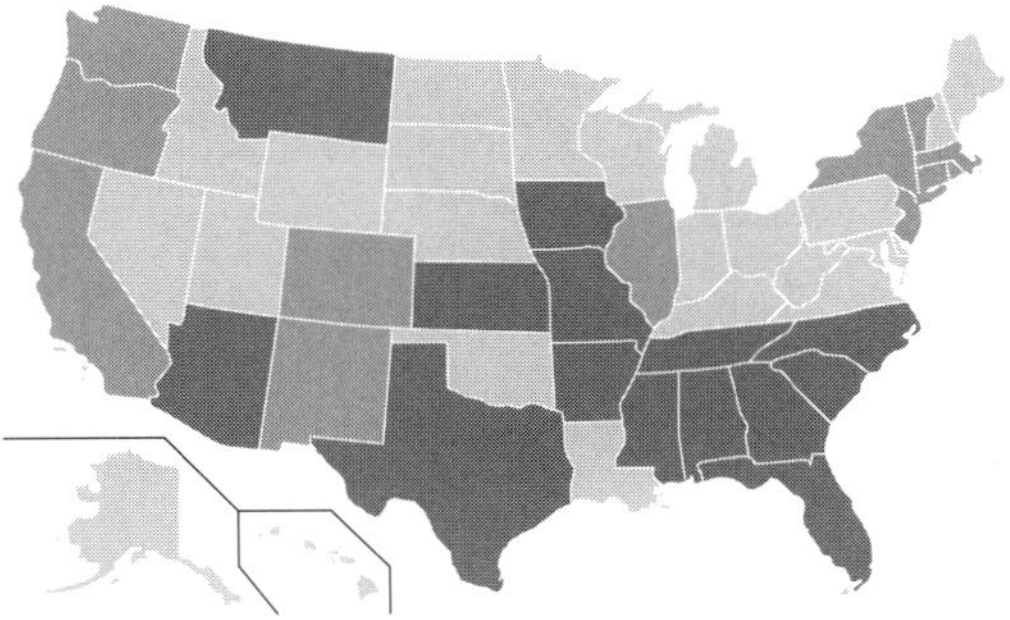

出所:Wikipedia "Sanctuary City,"(2024年9月25日閲覧)を元に作成

自身はどちらかというと、移民受け入れに好意的であるが、それでも、インド人不法移民を低賃金で雇っているIT企業の例、テキサス州やネブラスカ州の農業や畜産業で働いた不法移民の例、ハリケーン・カトリーナからの復興で一気に人手不足となった折に人手が不法移民によって賄われたという例などがある。

実際、「聖域都市」と言われる都市の分布をウィキペディア英語版で調べると、一部に例外があっても、やはり全体として「雇う側」の事情が大きく反映されているようにしか見えない。たとえば、「雇う側」が集中する西海岸とニューイングランド、シカゴのあるイリノイ州などが「聖域都市優遇州」となっている一方で、ほぼすべての南部諸州は「聖域都市禁止州」となっている。ちなみにアメリカでは個人商店を含め「従業員募集中」との張り紙をいたるところで見ることができる。先のＤＡＣＡという制度を使った滞在不法移民数はロサンゼルスだけですでに22万人、テキサスでも12万人に及んでいるという。

したがって、いかに「人権尊重」という衣を着てはいても、こうした大量の不法移民の受け入れの本当の目的は彼らを雇うことによる特殊な利益が直接的には企業家たちに、間接的にはそれらの地の住民たちにあるのではないかと私には思われる。彼らを完全に「アメリカ国民」にしてしまえば、「アメリカ国民」と同等の賃金を払わなければならなくなる、が、「不法移民」のままにしておけば安く使える。したがって、彼らを追放してはならず、「不法移民」として滞在させるのがベスト、という制度である。

つまるところ、アメリカのために外国をいかにうまく使うかという目的から選択された社会制度であって、種類は違っても貿易や外交、軍事で日本がうまく使われているのと同じである。ただし、この点ではトランプはこの「人権尊重」よりも彼らによって雇用が奪われるアメリカ国民の側の利益を代弁しようとした。カマラ・ハリスを筆頭とする民主党側とはここが違っていたのである。

こうして考えると、本当のところ、「自国本位」なのはトランプだけではなくカマラ・ハリスを含む民主党の側でもあった。トランプは「アメリカ・ファースト」という言葉を掲げて「自国本位」を明示したが、明示をせずに「世界に貢献」といっている側も本当は「自国本位」であった。今後にもし民主党政権が復活したとしてもその本質が変わらないこと、そんなアメリカに今後も変わらず従属して良いかどうかを問いたいのはこのためである。

第2章　対米従属で潰された日本の先端産業

「これまでコンピューターの業界標準となるOSやMPUはすべて米国産で、日本はそれを真似しながら生産技術で優位に立った。すると米国は知的所有権で攻勢をかけてきた。そこで日本もオリジナルなものをつくろうとしたら、米国はその動きにも不快の念を示し始めた」

（日本経済新聞社『日米摩擦　ミクロの深層』日本経済新聞社　1989年　P56　ある国産メーカー幹部の話）

最初に潰されたのは日本の繊維産業

前章で見たようなことで、今後のアメリカの対日要求はさらに苛烈なものとなることが予想されるが、かといって過去の対日要求が「苛烈」でなかったわけではない。日本は1951年にアメリカから「独立」したとは言っても、1957年になると早くも日米繊維交渉という形で、復興する日本産業への輸出制限という不当な要求が始まり、結局のところ、それによる産業界の損失を膨大な税金によって補償するというようなことが強要されている。

たとえば、1969年に米側が日本に求めた「自主規制」なるものも、当時の愛知揆一外相の要求拒否にアメリカが対抗し、そうしなければアメリカ議会で輸入割当てを実施するとの脅しを伴ったものであった。また、翌1970年には宮澤喜一通産相とワシントンで会談したスタンズ商務長官が「沖縄返還の際に密約したはずだ」として迫ったことから事実上の決裂に至っている。

しかし、さらに翌年1971年にアメリカ側に「自主規制」の具体的骨子まで指示された上でやむなく業界の自主規制案が提示されている。といっても、この内容にも不満なニクソン大統領は「ジャップの裏切り」と口走ったと言われ、やはり次の第三次佐藤内閣で時の通産大臣田中角栄は苦渋の選択を強いられることになるのである。

田中角栄は確かに立派な男で、このために訪米した1971年9月の交渉においてGATT（関税と貿易に関する一般協定）が規制の対象とするのは当該国が「被害」を受けている場合に限ると主張して（実際、この「被害」は相当に小さかったことが後に証明されている）アメリカの要求をつっぱねるだけのことをしている。

だが、帰国直後にはアメリカからの再度の圧力の下、通産省の幹部や佐藤首相、水田三喜男蔵相とのやりとりで対米譲歩による繊維産業界の損失を税収に依存した国家財政で補填するという選択を強いられている。といっても、この損失補填も後の臨時国会の補正予算ではじめて必要金額の工面が完了するなど、相当にぎりぎりのものではあったが、そうまでしなければアメリカが納得しなかったということになる。アメリカが日本を属国扱いしていたことがわかる。

支援戦闘機開発をめぐる日本航空産業つぶし

ただし、もちろんこうした「属国扱い」は経済問題に限ってみてもこの繊維交渉に限られるわけではなく、実のところ「防衛産業」に対してもあった。１９８７～88年のＦ１支援戦闘機後継機（ＦＳＸ）の開発選定問題は「防衛産業」自体に否定的な日本の平和勢力が大きな関心を払わなかったが、日本の対米自立にとって実は非常に大きな問題であった。軍需品の自主開発とはその整備・保守を自前で可能とするもので、それ自体が「対米自立」の決定的な技術条件となるからである。

そして、そのため、当時まだ若干31～32歳の「かけ出し」であった私も京都から東京の「日本航空宇宙工業会」の本部にまで乗り込み、そこでのヒアリングを経て論文まで書いたことがある。文献リストに掲げた「日本航空工業の技術発展とＦＳＸ摩擦」という論文で、そこではエンジン技術を除いてかなりの分野で日本技術がアメリカを上回るようになってきているにもかかわらず、まずは自主開発を封じ込められ、次には「日本主導の新規共同開発」をも封じ込められ、最後にはそもそも「新規共同開発」自体も封じ込められてF16Cという既存米機の改良型の開発に止められてしまっている。そして、この過程で当時のイージス艦より優れたアクティブ・レーダーや追尾警戒用の後方レーダー、全体システムを統合する超小型高性能コンピュータや統合コックピット、特殊な運動性能技術や電波吸収材、鉄より強くアルミより軽い複合材などの技術が逆にアメリカに流出することとなっている。これらのため、日本の全体設計技術が獲得されなくなったばかりか、日本の最先端技術をアメリカが「共同開発」の名目で獲得することができたのである。

そもそも「F16C改」を選定した防衛庁内の「F1後継機総合検討委員会」による各案の総合評価が87年9月から同10月の間にころっと変わったということにも政治介入の匂いがぷんぷんする。

表2-1、2-2に見るように最終案として選択された「F16改」の評価は9月時点で最低だったのが10月の最終案では最高評価に変わっているからである。この表はまさにその「日本航空宇宙工業会」から私が入手した資料で、F18改、F15改、F16改といった機種名が資料に隠されていたものの、それらであることがすぐに判るような説明文

表2-1　F1後継機検討委による検討対象開発機の評価（87年9月）

性能等＼検討対象機種		新規開発	米国既存機をベースに日米の優れた技術を加えた改造		
			F18改	F15改	F16改
運用要求と適合性	速度性能	○	○	○	△
	旋回性能	○	○	○	○
	離着陸性能	○	○	○	×
	行動半径	○	○	○	○
	搭載武装 対艦	○	○	○	○
	搭載武装 対空	○	○	○	○
	火器管制能力	○	○	○	△
	CCV機能	○	○	○	○
	ステルス性	○	△	×	×

出所：大西（1989）83ページ

表2-2　F1後継機検討委による検討対象開発機の評価（87年10月）

主要改善点	
F-15改	F-15Jのライセンス生産を通じて取得された生産技術及び確立された生産基盤（治工具等）を有効に活用することにより、経費の低減を図る。
F-16改	先進材料の適用範囲を拡大し重量を軽減すること及び先進搭載電子機器を採用すること等により性能の向上を図る。

性能等＼検討対象機種		米国既存機をベースに日米の優れた技術を加えた改造	
		F-15改	F-16改
運用要求と適合性	速度性能	○	○
	旋回性能	○	○
	離着陸性能	○	○
	行動半径	○	○
	搭載武装 対艦	○	○
	搭載武装 対空	○	○
	火器管制能力	○	○
	CCV機能	○	○
	ステルス性	△	○

出所：大西（1989）83ページ

がついていた。こうした技術評価の根本的転換の裏に6月の国防長官の来日や7月における対日米機購入要求決議のアメリカ上院本会議での全会一致採択があったと見るのは自然である。

本来はものすごかった日本製造業のパワー

こうしたアメリカからの不当な圧力——日本をまったく独立国として扱おうとしない加圧の在り方は他分野にももちろん及ぶが、この後者のFSX摩擦はすでに日本の最先端技術が世界のトップクラスに位置しており、日本が真に「ジャパン・アズ・ナンバーワン」と呼ばれるにふさわしいポジションを得ていたことを知るうえで特に重要である。エズラ・ヴォーゲルの「ジャパン・アズ・ナンバーワン」は今では「日本の過大評価」であったと多くの人々が見ているが、日本産業の詳細を見れば見るほどその評価が正しかったのではなかろうかと思えてくる。

たとえば、今や「産業のコメ」として、最も重視されていると言っても過言ではない

表2-3　過去に世界を圧倒した日本の半導体産業と米圧力による崩壊（トップ10企業の推移）

順位	1986年		1992年		2005年		2017年		2023年	
1	NEC	日	Intel	米	Intel	米	Samsung	韓	Intel	米
2	日立	日	NEC	日	Samsung	韓	Intel	米	NVIDIA	米
3	東芝	日	東芝	日	TI	米	SK Hynix	韓	Samsung	韓
4	Motorola	米	Motorola	米	東芝	日	Micron	米	Qualcomm	米
5	TI	米	日立	日	STM	瑞	Qualcomm	米	SK Hynix	韓
6	Philips	蘭	TI	米	ルネサス	日	Broadcom	米	AMD	米
7	富士通	日	富士通	日	Infinion	独	TI	米	Apple	米
8	松下	日	三菱	日	Philips	蘭	東芝	日	Infineon	独
9	三菱	日	Philips	蘭	Hynix	韓	Western DX	米	STM	瑞
10	Intel	米	松下	日	NEC	日	NXP	蘭	TI	米

出所：Omdia社ホームページ、『週刊ダイヤモンド』2018年9月1日号など

半導体産業については、上の表2‐3に見るようにものすごいものがあった。1986年の世界ランキングのトップ3がすべて日本企業であったばかりでなく、トップ10まで見てもその6社までが日本企業となっている。

また、当時のICメモリーの中核をなした256KDRAM（Dynamic Randum Access Memory）については何と日本企業が世界市場の90％以上を独占している。23年にランキング2位だったNVIDIAは時価総額ベースで今年24年に世界トップとなり、すごいものだと世界の人々に見られているが、その眼で過去にはNECや日

立や東芝がみられていたのだと考えられたい。日本はどうしてそんなことができるのか理解できない……と驚異の目で見られていたということである。

確かに、半導体といってもこの間の利用用途の中心は大きく変わり、一般電子機器や大型コンピュータの時代からパソコンの時代に移り、それがさらにスマホの時代に入ったかと思うとＡＩの時代に突入している。そして、その最初の時代に日本企業が制覇し、パソコンの時代にはIntel、スマホの時代にはSamsungだったとも言える。そして、ＡＩとなって一気にＮＶＩＤＩＡが伸び、それらのために、「日本企業はその新たな方向への転換に失敗した」のだと説明されてしまっているのである。

しかし、考えてもらいたいが、「半導体がキー産業になる」と最初に気づいたのが日本なのであるから、その目ざとさを甘く見てはならない。先の支援戦闘機開発における日本の突出した技術も超小型レーダーなど結局はエレクトロニクス技術で、ハードではなくそうしたソフトこそが重要なのだと日本は気づいていたのである。しかし、そのことに他の諸国は気づけていなかったのである。

逆に言うと、そこで気づいて以降の他の諸国のスピードの速さがほめられるが、少なくとも気づいた時点ではすでに相当に日本と離されており、次のステップへ移るベースとなる技術を欠いていたはずである。

なので、問題はどうしてここまで離されていたアメリカの半導体産業が日本を凌駕できたのか、そこまで強かった日本の半導体産業がどうして壊滅してしまうこととなったのかということになる。その当時の日本産業のものすごさゆえに、死に物狂いで潰しにかかったアメリカの圧力でしかそれが説明できないというのが私の主張である。

日本の半導体産業はどのように潰されたか

実際、日米の半導体産業をめぐる紛争は「通商摩擦」というより「通商戦争」というべきもので、85年前後と90年前後の2つの時期に集中して起こされている。日米の半導体協定は86年と91年に締結されているが、半導体世界市場における日本企業の猛追、86年における首位確保へと向かう情勢の下、米国半導体工業会（ＳＩＡ）はまず85年に米通商法に規定されているスーパー３０１条に基づく提訴、アメリカ企業によるダンピング提訴を仕掛けてくる。この提訴は結局のところ、政府間協議で収拾されたものの、スーパー301条というのは本来の通商法301条の拡大解釈をして場合によれば100%の関税をかけるという一方的なもので、何と現在の米中摩擦でも俎上に上げられていないほどの異常なものである。こんなものが脅しに使われた下での「摩擦」＝「戦争」であったことが重要である。

また、86年と90年はアメリカ企業テキサス・インスツルメンツと富士通の間の訴訟合戦の年でもあった。1970年代から1980年代前半までアメリカ半導体のトップ企業であったテキサス・インスツルメンツは、当時焦点となっていたDRAMの製造特許の無断使用を主張して1986年1月に日本企業8社とサムソン電子をダラス連邦地裁に提訴する。そこで請求された特許使用料は通常の10～15倍もの高水準のものであった。

そのため、当然のこととして日本企業各社は大いに反発し、東芝や日立などは逆提訴の構えを見せたが、結局のところ250億円という巨額の和解金を払って和解が成立することとなる。

だが、これで終わらないのがテキサス・インスツルメンツである。今度は一般のIC

技術と異なり「半導体基板に互いに距離的に離間して配置された複数の回路素子を導体として被着して配線した半導体回路」として定義されるキルビー275特許を使用するには本来のＩＣ技術（これが狭義の「キルビー特許」）の実施権の取得が前提になるとの論法であった。そして、またしても東芝、沖電気、松下電子、ＮＥＣがそれぞれ毎年百数十億円から百億円前後を払わされるようになったのであるから、これら企業が「半導体は金がかかる」と思わされてしまったことになる。

ただし、この時、業界4番手の富士通のみは裁判で争う覚悟を決め、実のところ、１９９４年に東京地裁が、そして２０００年に最高裁が富士通側を勝利させている。当時はアメリカとしっかり闘う姿勢を持った日本企業があったということになる。

と言っても、これらが「日米半導体摩擦」の全てではなく、これら企業間の紛争と並行して政府間で2度にわたったぎりぎりの半導体交渉が行われる。その最初のものは１９８６年の日米半導体協定であるが、「外国半導体企業の日本市場へのアクセス拡大」とその合意の裏にその市場シェアを20％にまで引き上げるという密約があったためにその後の紛争を再度招く。そして、そのために再開された日米交渉では「20％を１９９２

年までに達成する」との文言を協定本文に書き込まされるに至っている。日本政府が日本企業のシェアをわざと下げるべく努力する義務を規定した協定である。１９９１年のことである。

ともかく、こうしてテキサス・インスツルメンツは巨額の収益を得て後の投資をすることができるようになり、逆に日本企業は体力を削がれてしまっている。そして、最後はその「20％」を達成するために日本が大量に購入したＭＰＵ（マイクロプロセッサー）でインテルが急上昇することとなるのである。先の表２‐３はそのことを如実に表している。

１９９２年までに外国企業の市場占有率20％を実現するにはそうしかなかったからであり、その後、アメリカ企業のトップにインテルが躍り出た大きな要因となっている。日本半導体企業の凋落と米企業の躍進がこのようにして工作されたのである。

なお、以上は半導体摩擦を日米間のものとして説明したが、表２‐３の後半に見るようにその後の主要なアメリカの競争相手は韓国に移る（この経過は大矢根（２００２）に詳しい）。そして、その米韓間でもほぼ同様の半導体交渉が行われており、一度トップを飾ったサムスンがその後インテルやＮＶＩＤＩＡに越されるようになったのも、その帰結ではないかと思われる。さらに言うと、この表ではまだ表れないが、中国も他分野では相当急速なキャッチアップをしており、それがために現在の激しい米中貿易摩擦となっている。日中韓３国が代わる代わるアメリカの攻撃対象となっているのである。最後にこの問題を永らく研究されてきた坂井昭夫故京大名誉教授の言葉を引用しておきたい。

「こうした米国半導体産業の復調は、日米半導体協定なくしては多分ありえなかったろう」（坂井（１９９４）Ｐ91）

日本製ＯＳの普及を阻止したアメリカの介入

こうして日本半導体が１９８０年代、日の出の勢いであったことと関わって、実のところ、パソコンの基本ソフト（ＯＳ）もまた日本製が世界スタンダードの一角を占める可能性があったことも述べておきたい。パソコンの基本ソフトはWindowsだけでなく

Macも世界的に通用しているが、それに加えて当時東大助教授であった坂村健氏が開発したBTRONというOSが広まる現実的可能性があったからである。

当時のパソコンはWindowsも含めてひとつひとつの「ジョブ」をアルファベット入力で指示することなしに何もできないような状況にあり、その結果もあり、普及率が数%にしか届いていなかった。が、この問題をこのBTRONは一気に解決できるようなものとして開発されている。もちろん、「汎用的」なWindowsの優位性ははっきりしていても、これはパッドの使い勝手などいくつかの点でMacパソコンの方が優れていることから想像されるごとく、コンピュータとOSを一体開発すれば立ち上げの時間を短縮できたり、様々な優位性を持てることによっている。つまり、現在のMacのレベルくらいには十分普及する可能性をもったOSとして多くの日本メーカーも一時は採用しようとしたものであった。

しかし、この可能性もアメリカの激しい攻撃で排除されるに至っている。文部省と通産省が教育用パソコンのOSとして採用しようとし、多くの日本メーカーも賛同したところ、アメリカの通商代表部が貿易交渉で「貿易障壁リスト」に入れてきたからである。

このOSを内装したパソコンがそれ以前に一台も輸出されたことがなく、その技術はアメリカ企業にも無料で公開されているにもかかわらず、である。

ここでこの「貿易障壁リスト」に掲げられたのは、当時争点となっていた半導体、スパコンとこのBTRONの2品目であったから、次世代の技術覇権にとって重要なものはすべて自主開発を許さないという姿勢をアメリカは貫いたことになる。もっと言うと、この時点でももし次期支援戦闘機開発の方式が決まっていなければ「貿易障壁リスト」は4品目だったということになる。

「アメリカのものを買おうとしないのは不公正貿易だ」とのメチャクチャな論理である。

実のところ、約1年後にBTRONはこの「貿易障壁リスト」から外されることになる。上で述べたような論理をさすがに通せなかったからとも言えるが、それよりも、その1年の間にすでに教育用パソコンや日本企業の一般パソコンへの採用が見送られたことが大きい。「採用阻止」が目的だったので、それができればもうリストに要らないという話である。

確かに、Windowsが圧倒している現在の状況からすれば、それ以外のOSの採用が簡単でなかったのは事実である。しかし、上でも見たように、特定分野に強みを持ったMacは生き残っているし、今後中国の独自OSが広まって群雄割拠となった場合に非常に不利となる。少なくとも日本がパソコンのコア技術で世界1、2位を争うことになる機会を強制的に奪われたことになる。現在のように弱体化した日本産業の現状からはとても想像されないかもしれないが、1980年代の日本産業にはそういう現実的選択があり得たというのが重要である。

どうしてそこまで日本は弱腰となったのか

しかし、なぜそれほどアメリカは日本を恣《ほしいまま》にできたのか。この回答はその軍事的支配を基礎とする政治的支配によって説明することもできる。

たとえば、元外務省国際情報局局長の孫崎享氏はその過去の様々な情報をもとに『アメリカに潰された政治家たち』（河出文庫、2021年）という本を書いて、気に入らない政治家をいとも簡単に切り捨てられるアメリカの諜報活動の怖さを教えてくれている。あの岸信介さえも本当は対米自立派であって、それがためにアメリカに失脚させられた、田中角栄や小沢一郎は言うまでもなく、竹下登や梶山静六もそうだったと述べている。

実際、本章冒頭の繊維摩擦のところで見たように愛知外相や宮澤通産相、それに田中角栄などの政治家は今では考えられないほどに闘っていた。考えてもみたいが、その繊維交渉において愛知、宮沢、田中氏がそれぞれ「アメリカの要求を拒否」したというようなニュースを我々はここ30年ほとんど聞いたことがない。本当に一度でもそういうニュースを聞いてみたいものだが聞けていない。ということは、当時こそ日本はそれなりに「独立」していたものが、いつの間にか「属国」に貶められてしまっているということになる。従属は深まっているのである。

しかし、そうであればそうであるほど、経済力をつけて以降の自民党政治家がなぜ「ノー」と言えない」ようになったのかをもう少し構造的に理解することも重要で、それには上記のような政治的（そしてその背景としての軍事的）従属に加えて経済構造上の問題も考えてみる必要があるように思われる。

支援戦闘機選定や半導体、ＢＴＲＯＮの紛争時にはそうした技術の戦略的重要性が特に大きく、よってアメリカの圧力が尋常でなかったというのがひとつ。そしてそれ以外にも、日本側が「アメリカ側につく」ことを利益と感じるような「一蓮托生的状況」があったということができるからである。

たとえば、この直近で見たＢＴＲＯＮ不採用の政治的決定も、それが大きく伸びると予想できない限り、日系各社にとってもWindowsの採用の方が無難であったとも言える。また、自社とは完全に利害を異にするMacなど「独立派」との対抗上、Windowsへの一本化をよしとしたというのも理解できる。実際、この論点はソフトバンクの孫正義氏によって強く主張されていたことが確認できる（大下英二著『孫正義　起業の若き獅子』講談社、１９９９年）。

また、これは好意的にすぎるかもしれないが、世界の戦闘機開発の競争において、エンジンや機体の総合設計において後れをとる日本企業が完全自主開発のリスクを勘案し、アメリカとの共同開発（といっても最終的には「F16改」となったわけだが……）を選択するということもありうる。そして、これらは最後はどうなるかわからない「リスク」

評価の問題である以上、アメリカからの加圧の程度、日本政治家の一挙手一投足は企業判断に決定的な影響を及ぼしたと思われるのである。私の考えるところ、こうしたぎりぎりの判断は1971年以前の繊維交渉の際には必要がなかった。まだ単純な利害衝突であったと思われるのである。

アメリカ圧力への日中の対応の違い

しかし、もしそうした「リスク回避」をずっとずっと繰り返していけばいつまでたっても自立することができず、最終的には国益が損なわれてしまう。個々の企業、個々の業種にとってはそれが正しくとも、国家の全体利益で言えば損失が大きくなるというゲーム理論に言う「囚人のジレンマ状況」が表れてしまったのである。

したがって、このことを逆に言うと、個々の企業や個々の産業の利益を超えた「全体利益（国家利益）」を追求すべく全体を誘導する作業が不可欠となり、結論的に言えば日本や韓国はそれができず、中国はそれができつつあるように見える。

日本が被ったのと同じアメリカの圧力を、韓国の半導体産業が時間差を伴ってそのまま被っていたことは先にも述べたが、これが韓国企業のキャッチアップによるものである以上、さらに時間差を伴って中国企業もが攻撃の対象となる。それがまさしく現在の米中摩擦なのであるが、そうして見ると中国と日本の対応の違いが目立ってくる。

もちろん、中国の場合はそもそも「西側」ではないのでアメリカの対応が日韓と違うのは当然であるが、かといってアメリカが「同盟国」たる日韓の企業をサポートしてくれたわけでもない。そして、もしそうすれば、個別企業、個別産業の判断を許さず、国家のコントロールで独自の技術開発に進んだ戦略の正しさが目立ってしまうこととなる。国家の企業に対する統制力の強さが今回、中国においてうまく働いた可能性があるのである。

ただし、ここで急いで付言しておかなければならないのは、そうした国家の企業統制がいつもいつも正しいわけではなく、時に大失敗を招くということである。そのような事例は過去に様々な「社会主義国」で見られた。そのためこうした国家統制が一般的に正しいのではなく、今回に限って言えるにすぎないというのを忘れてはならない。

中国の場合も、過去に繊維製品などをアメリカに輸出していた頃は（もはやアメリカにとって繊維産業は重要でなかったので）対米融和の「一蓮托生戦略」が正解であった。しかし、先端技術がアメリカのターゲットとなって以降の対応は違っていた。

この判断の転換はこうして「ゲーム理論的」にも説明できるが、そのポイントが国家の独自かつ自立した判断可能状況にあったのだと総括したい。日本の場合は国家が「国産半導体のシェアを下げろ」との圧力をかけた（P63～64）が、中国では国家が少しの迷いもなく産業発展を支援し続けたからである。従属下の日本にはできない相談であった。

第3章　通貨・金融政策の「協調」で潰された日本経済

「日本はアメリカに巨額の資産を有している。〈中略〉ところが、一九八五年以降の円高ドル安によって、それは大きく減価してしまった。〈中略〉九五年四月の円高のピーク時には約七割も価値を失い、八五年以降の相対的ドル高の期間においてさえ、四割以上も減価している計算になる。これがポスト・バブル時代の日本経済に、いかに重いデフレ圧力となったかは説明するまでもない。日本の保有するアメリカ国債こそは、ある意味で究極の不良債権といえるのではあるまいか。

〈中略〉アメリカが債務を負う相手国の国力を殺ごうと思えば、為替相場をドル安に誘導するだけでこと足りる。そうであればこそ、ドイツをはじめヨーロッパ諸国は、「ドルからの自由」を求めてユーロを創設したのである」

（吉川元忠『マネー敗戦』文春新書、1998年、P11－12）

無謀な対米協調が起こした80年代バブル

ところで、前章では日本産業とその技術開発に対米従属がいかに否定的な役割を果たしたかを述べたが、バブル崩壊以来30年以上にわたる長く苦しい日本経済の停滞こそが本当の意味で対米従属の帰結であったということが重要である。日本人の多くは、これを「バブルを止められなかった日本人の責任の問題」として論じているが、それは全く間違っている。日本政府と日銀がアメリカに迫られた「対米協調」の帰結であったからである。

このことは次ページの図3‐1を見ることによって確かめられる。日本においてバブル抑制から崩壊に至った1980年代以降における日米の金利差はおおよそ4％となっていて、この金利差を維持しつつアメリカが金利を下げるためには当時の西側主要国である日本と（西）ドイツ、特に米国債の最大の買い手である日本の金利の引き下げが不可欠であった。このことを主張したのがマッキノンという米学者の論文（MaKinnon（2002））で、そこに掲げられていたのがこのグラフである。

図3-1　円・ドルレートの推移と対米協調低金利政策の失敗

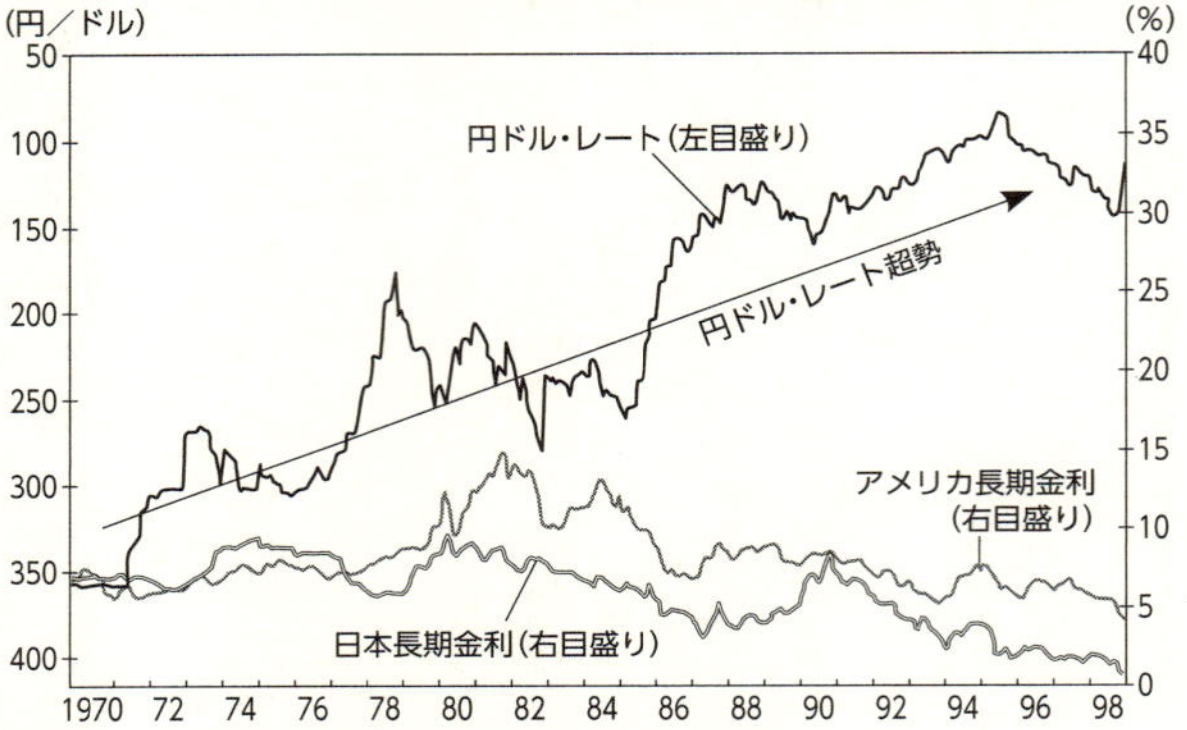

出所：大西(2003)P124、原論文はMcKinnon(2002)P322

アメリカ経済は当時、貿易収支と国家財政の2領域で膨大な赤字（「双子の赤字」）を抱えていたが、ついには87年10月19日に株価大暴落のブラック・マンデーを迎える。と、こうなると何としてでも株価・地価の維持のために今度は金利の引き下げが不可欠となったという話である。

後でもまた述べるが、ここでの混乱は本来「基軸通貨国」の力を無くしてしまっているアメリカがそれでもなお「基軸通貨国」であり続けようとすることから生じている。が、逆に言えば、その際日本などがはいはいと付き従った結果、87、88、89年の極端な低金利を帰結し、それが始まりかけていたあのバブルを加速させてしまったという問題である。
実際、当時日銀理事として金利（公定歩合）の決定に直接かかわった鈴木淑夫氏は次のような証言を残している。

「もう今だから言ってしまいますが、私はそのころ内部にいましたから知っています。日本銀行は公定歩合を上げようとしていました。年末12月に上げようとしていました。それでじりじり上げてきた。ひょっとしたら日本銀行よりブンデスバンク（ドイツ）が先に上げるかなというような話を私どもはしていました。そしたら何が起こったでしょう。10月にブラック・マンデーが発生しました。ニューヨークのトリプル安です。ニューヨークにおいて株価と債券相場とドル相場が一気に暴落いたしました。日本やドイツが少し金利を上げてきて、公定歩合を上げるに違いないとマーケットが思い始めた途端、お金はアメリカから出て、日本やドイツに向かってきた。それでニューヨークのトリプル安がおきた。〈中略〉87年10月のブラック・マンデーから89年5月まで、日本銀行は国際的な政策協調のために金縛りにあったように金利を上げられない状態にあった。これをマーケットは知っていますから、日本銀行はもう動けないのだなと思うから、半永久的低金利、半永久的金融緩和というような気分でわーっと走って、あのバブルの騒ぎを起こしてしまった」（小野（1999）、P90）

この証言が重要なのは、すでにブラック・マンデー当時、日本の政策当局はバブルに入りかけていることをよく知っていて、正しく政策誘導しようと思っていたことが示されているからである。

つまり、日本人はバカではなく、バブルの責任は日本人にはなく、弱体なアメリカ経済を支えなければならなくさせられていたという事情こそが問われなければならないのであった。この引用文では軽く「国際的な政策協調のために」という言葉でしか表現されていないが、この87年とはどのような年であったかについては前章を振り返っていただきたい。どれほどの強硬な対日圧力が繰り返されていた時期であったか、それを知れば、ここで日銀がどのような「金縛り」に遭っていたかが想像できる。

ただし、これらの事情に加え、どうして日米の金利差が4％必要であったのかについての解説も必要だろう。実の所、図３－１は本来、その解説を目的に作られたものであって、そのポイントは、円の対ドルレートの上昇率が長期平均的には４％だったことにある。これがためにドル円間の平衡維持のために４％の日米金利差が必要となっていたからである。

考えてもみればわかるように、円が対ドルで毎年４％上昇するのであれば、円建て資産の金利はドル建て資産より４％低く設定されなければバランスがとれない。そのために無理な低金利が続けられることとなったのである。貿易赤字を垂れ流すような弱体な国家が基軸通貨を維持しようとすれば、他国通貨がその国の経済状況を無視して基軸通貨支持のために無理をしなければならないことを示している。

しかし、実のところ、そこで日本とともに期待されていたドイツはすでにこの時点でユーロ創設に向かっていたから対ドル協調の意志を持っていなかった。アジアでも共通通貨創設の機運がそれなりにあったが、そちらに向かえない日本の対米従属状況はそれを許さなかったのである。つまり、この重みを日本は一身に背負わされたのである。

日本の没落はバブル崩壊から始まる

このようなことで引き起こされたバブルとその崩壊が、その後の日本経済にとってどれほど過酷なものであったかは多くが語られている。たとえば、バブルによる地価高騰は東京23区の地価でアメリカ全土を買えるほどに膨張をしたが、それを「資産」として企業価値を上げていた企業もその価格が暴落すると一気に貸借対照表が崩壊する。つまり、巨額の負債を抱えた状態に転落するので、もちろん株価も暴落する。

一時3万8000円を超えた日経平均株価もわずか9カ月あまりの間に2万円を割っている。特に、「保有資産」で勝負をしている銀行業界への打撃も大きく、大手では日本長期信用銀行と北海道拓殖銀行が有名である。そして、もちろん、こうして金融界に困難が拡がると現業部門への融資が滞るのでそれらもまた破綻した。日本経済全体にこうした混乱が拡がったのである。

しかし、こうしたストーリーは他からもいくらでも聞けるので、本書では「就職氷河期世代の苦悩」というサイドからの解説だけをしておきたい。長く教師を勤めていると、

図3-2　過去における出生数の予測（中位、低位）と実際の経過の比較

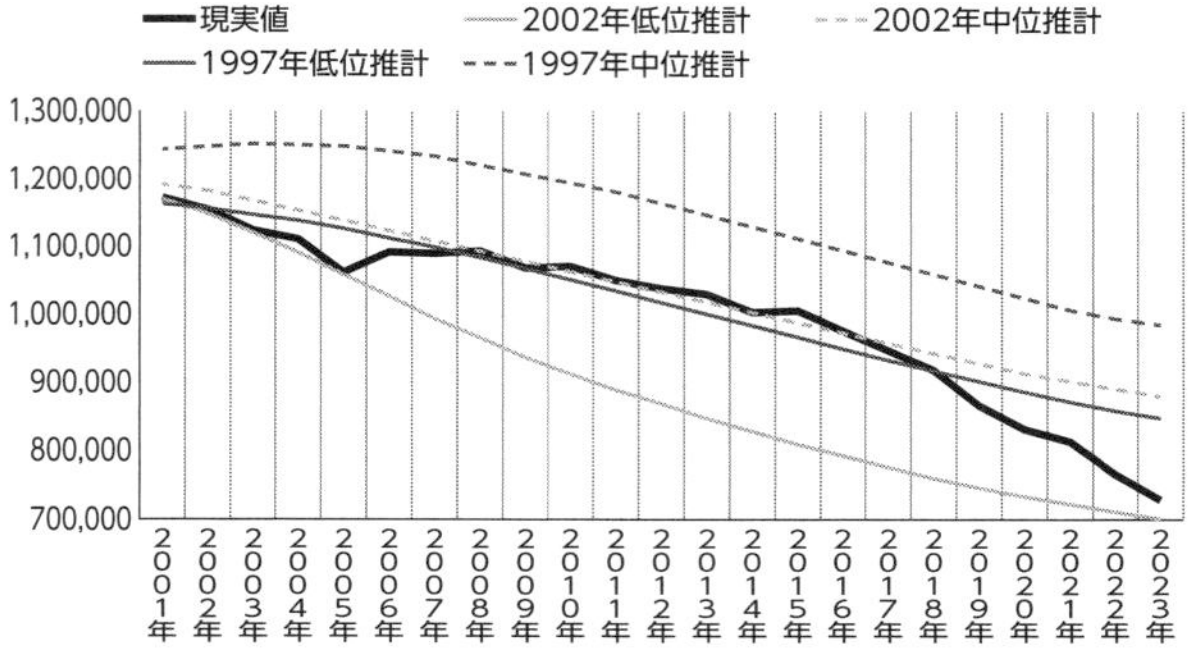

出所：国立社会保障・人口問題研究所将来推計人口（1997年、2002年）および厚生労働省ホームページ

その時代の教え子もいて、彼らが苦しんでいる姿も知っているからである。たとえば、就職難から結婚できずにいるということである。

これは「結婚」の次に本来あるはずの「出産」がこの世代で激減していることからもわかる。私は人口問題でも各種の計算をしているので次の図3-2を示したいが、ここで示されているのは、黒で示された「現実値」が過去の予想を大きく下回って出生数が激減していることである。特に1997年に計算された予測の「低位推計」をも大幅に下回っていることを確認されたい。

だが、この図でもっと重要なのは、ここ

表3-1　氷河期世代で一気に未婚率が上がった（世代、年齢別未婚率の推移、男性の場合）

	25-29歳時	30-34歳時	35-39歳時	40-44歳時	45-49歳時	50-54歳時
2015年時点に25-29歳だった世代	72.7					
2015年時点に30-34歳だった世代	71.8	47.1				
2015年時点に35-39歳だった世代	71.4	47.3	35			
2015年時点に40-44歳だった世代	69.4	47.1	35.6	30		
2015年時点に45-49歳だった世代	67.4	42.9	31.2	28.6	25.9	
2015年時点に50-54歳だった世代	65.1	37.5	26.2	22.7	22.5	20.9

出所：総務省統計局「国勢調査」各年版

で最も落ち込みが激しいのが２０１８年以降現在に至るまでの時期とともに、２００１年から5年にかけての時期であり、そこがバブル崩壊の直撃を被った就職氷河期世代であるということである。

この氷河期世代は第二次ベビーブーマーなので、それを見越して１９９７年の中位推計では微妙に出生数が増えると考えられていたが（２００４年頃まで出生数が増えると予想されていた!!）、実際はまったく逆となってしまったということである。バブル崩壊による就職難が結婚、出産にまで悪影響を及ぼし、それが現在の人口減に結びついている。東京などに住んでいるとこの人口減が今後の日本経済の決定的なダメージとなることになかなか気づけないが、少なくともこの数字の裏にある現役世代層の苦悩を知っておきたい。

なお、氷河期世代の出生率の低下は未婚率の上昇という形でも数字になっている。次の表3－1は男性に限った数字であるが、就職氷河期世代である「2015年時点に40－44歳だった世代」やそのすぐ上の世代で未婚率がぐんと上昇していることが示されている。特に30代というフルに子供をつくれる可能性を持つ年代での上昇が問題で、彼らのライフスタイルががらりと変わったことがわかる。本書の文脈では、対米従属の結果起こしてしまったバブルとその崩壊がこうした形で日本社会に深く暗い影響を与えている。「失われた30年」はここに始まったが、それが30年で終わらない理由のひとつとなっている。

ドルへの固執はアジア危機をも起こした

実のところ、こうした被害を被ったのは日本経済だけでなく、他のアジア諸国でもあった。それは、この「ドル防衛」の結果としての円安への転換がアジア諸国の貿易赤字を急増させ、それが1997年のアジア通貨危機を引き起こしているからである。そのことを次ページの図3‐3、3‐4で示したい。

まず図3‐3であるが、これが示しているのは1995年以降円安が進行しているにもかかわらずアジア諸国の通貨がドルにペッグされ、円との関係でどんどん割高となっていったが、それに我慢できなくなった1997年についに暴落したということである。まずはタイのバーツが暴落し、続いてフィリピン、韓国、シンガポール、マレーシア、インドネシアへと波及した各国通貨のこの暴落は、当然のことながら短期資本の域外への逃避を生み、よって資金不足となったそれら諸国が危機的な状況となる。特にタイやインドネシアや韓国は政府財政がIMFの管理下に入り、財政支出の削減や金利の引き上げによる経済危機の深化を招いている。韓国ではサムソンの自動車事業を止めさせるなど、財閥の強制的再編にまで至り、「朝鮮戦争以来最大の国難」とされたのである。

ただし、ここでの問題はやはりこのようになってしまった初発の原因であり、それがアジア諸国通貨の「ドル・ペッグ」にあったということである。つまり、貿易取引がド

図3-3　クラッシュで調整されたアジア各国の対ドル実質為替レート（最高時を1にセット）

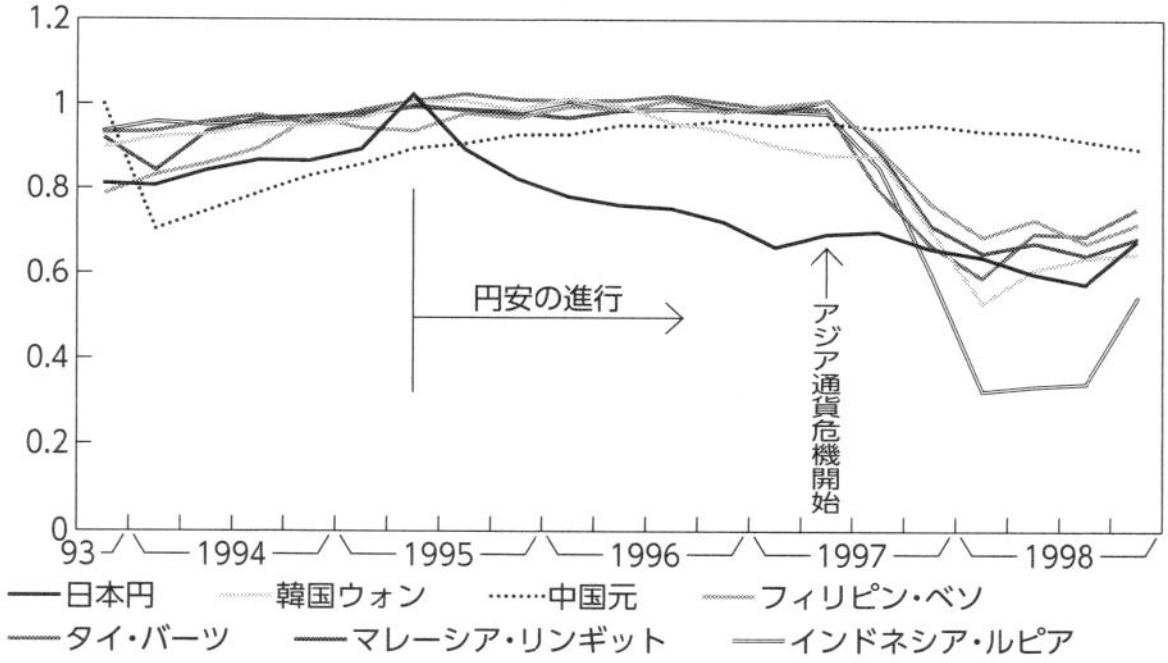

出所：大西広（2003）P121
データ出所：IMF, International Financial Statistics各年版

図3-4　対ドルでなく対円為替レートに影響されていたタイの輸出伸び率

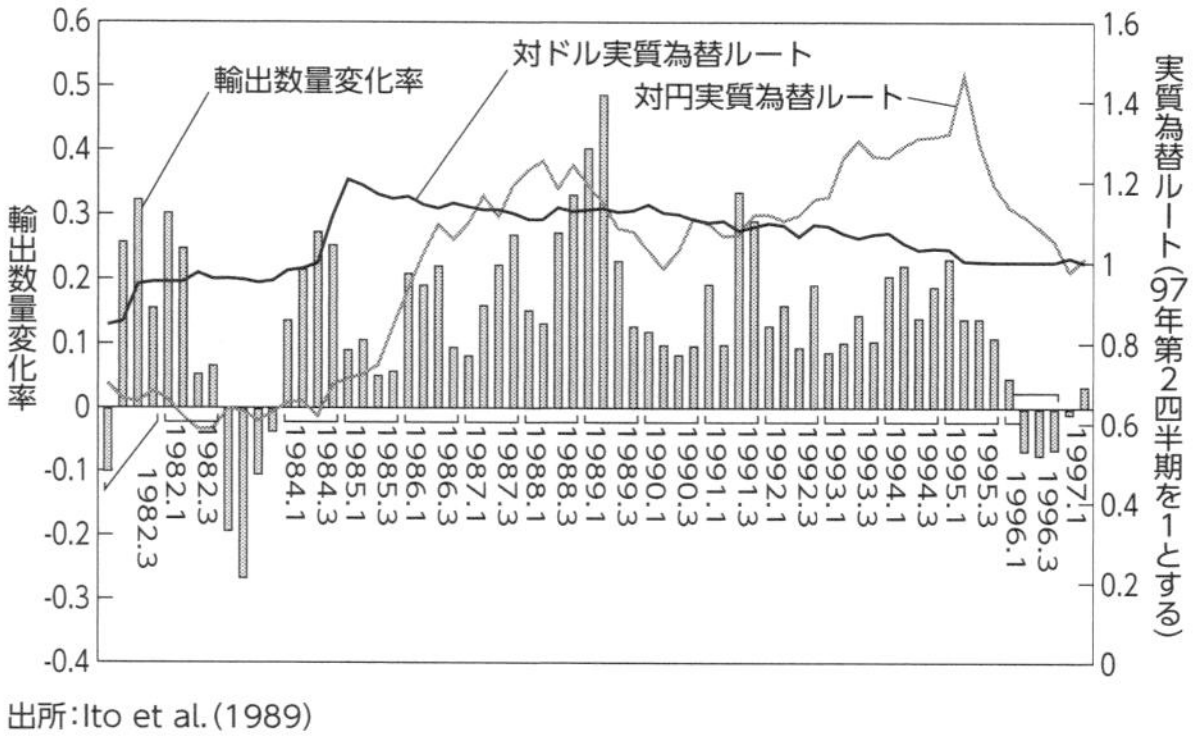

出所：Ito et al.（1989）

ルで行われる以上、各国通貨とドルの間のレートを一定に保とうとすることは自然ではあっても、この間は「ドル防衛」のために日本の通貨当局が動いている。その結果、日本円だけが下がりだすとこれらアジア諸国はどんどん貿易収支の対日赤字が拡大する。

これは通貨としてはドルを使っていても、貿易相手国としては日本が圧倒的に重要となっていたというアンバランスの結果である。逆に言うと、縮小したアメリカ経済は通貨面でも退場すべきところ、それがなされず、前節でのように逆に日本によってサポートされ続けていたことの矛盾である。

先にも少し言及したが、そうした事情からすでにこの頃「アジア共通通貨」なるものが議論されていた。だが、日本はその機を逃し、それがために現在は人民元ベースでの取引にアジア諸国は吸い寄せられつつある。現在のアジア諸国の貿易相手国としては中国が圧倒的となり、かつまた「対米従属」でないからである。24年10月のＢＲＩＣＳ会合ではタイとマレーシア、それにインドネシアやベトナムがその「パートナー国候補」となった。この動きもその文脈で理解できる。

なお、この議論を補強するために合わせて図３‐４も見ておいていただきたい。タイの輸出動向が対ドル・レートではなく対円レートで決まっていたこと、特にその関係が1997年の通貨危機直前に非常に明確であったことを確認できるからである。タイだけでなく、他のアジア諸国もおおむね同じであったことを付言しておきたい。

「一蓮托生」となっていた日本の事情

しかし、こうした深刻な影響を日本にもアジアにももたらすまでして、なぜ日本はアメリカの言いなりにならねばならなかったのだろうか。言ってしまえば、これこそが本書のテーマであり、いくつかの次元での回答が必要となる。

そして、その最初の次元での回答はやはり政治的、軍事的な対米従属性と言わざるを得ない。何せ、日銀の金融政策は日銀が決めるのであり、「アジア共通通貨」も政治指導者の判断によるからである。つまり、彼らが独立していなかったのがその第一の原因である。

ただし、それでもこうした彼らの判断のさらに背景となった経済的諸関係を見る時、やはり他方で日米間の「一蓮托生」の関係があったことを認めないわけにもいかない。前章でも、日本が開発しようとした新技術のリスクを考えた時、企業や産業が個別に検討すれば「独立しない」との判断がありえたのだと述べたが、それと同じことである。たとえば、この場合「ドル体制」の維持なしに対ソ冷戦で勝ち残れないと考えたとか、少なくとも輸出立国に利益となる自由貿易体制の防衛ができないと考えたとかは十分にありうることである。その判断が裏目にでたとも言えるのであるが、である。

実際、日本をバブルに導いた1980年代末の低金利政策は、そもそもドルが長期に下落しつつある過程での話であり、もっと言うと、膨大な「双子の赤字（財政と貿易収支の赤字）」の下で日本の介入なしに世界経済が大混乱しかねないとの切迫感も当時は存在した。ドイツが熱心でないならまさにないだけ、いよいよこちらが熱心にならないわけにはいかなかった。経済学の理論に言う「チキン・ゲーム状況」において日本がはずれくじを引かされてしまっていたのである。

ただし、この点では最後に、特殊日本的にもこの「ドル防衛」が求められた隠された事情も付言しておきたい。というのは、世界一のドル債券保有国としては、そのドルの国際価値の維持こそが日本の利益となっていたからである。

実のところ、この利益は現在の異常な円安によっても享受することができている。アベノミクスが始まる前に約80円だった円ドル・レートはしばらく160円程度にまで下がっていたが、この変化によって、日本が保有するアメリカ国債1兆1530億ドル（24年1月）の円価値は倍化していたからである。ちなみに、この1兆1530億ドルを1ドル160円で換算すれば約184兆円となるから、円安の結果、この半分の約92兆円の含み益を得ていたことになる。

ただ、これで良かったと日本国民が単純に考えるのだとすれば問題である。国家財政も国際貿易も赤字だらけとなった情けないアメリカをサポートし続けた結果、円価値を下げるのが利益であるようになってしまったということで、この副作用に輸入物価の高騰や海外資源、高度人材の「買い負け」などが伴っていることを忘れてはならない。アメリカの利益を守り続けると最後までとことん付き合わねばならなくなっているということである。

「一蓮托生」とはこのことである。

ここでもアメリカの裏切り

しかし、こうして日本もうまくやっていたなどと考えてはならない。アベノミクス以降の現在の円安だけを見れば上記のとおりであるが、ここで問題としている1980年代以降の長期のトレンドで見ればドルはどんどん下がっていたのであって、それは日本のドル建て資産が下がりまくったことを示している。

つまり、少なくともこの時期、日本は大幅な損失を被らされ続けたのであって、いわば泥船に乗せられせっせと水かきをさせられていたことになる。沈むのが避けられない船に乗せられ、死にたくなかったら水かきをせよと言われていたようなものである。

したがって、先に述べた「一蓮托生」という言葉は美しすぎる表現で厳密には正しくない。そして、実は、アメリカはもっと巧妙にここでも日本を出し抜く方法を考え続けていた。経済理論家によるアカデミックな議論という形式をとりながらも、円ドル・レートの恣意的な誘導がアメリカの利益を守るという極めて自国本位な理論がマサチューセッツ工科大学のポール・クルーグマンとアメリカ国際経済研究所のウィリアム・クリーンいう学者によって提出されていたのである。

そこでまずクルーグマンがアカデミックに論じる理論は「貿易収支の改善がそう簡単ではない」という理論で、消費行動や企業行動は多少の価格変動にはすぐには反応しないというものであったが、「ヒステリシス効果」と名付けられたこの理論を前提にすると日米の貿易収支を均衡させるのは相当程度に過剰な円高（＝相当程度に過剰なドル安）が必要ということになり、その理論的帰結として彼とウィリアム・クリーンが主張した政策は円ドル・レートの過剰で急激な変化というものとなっていた。アメリカの利益のために基軸通貨ドルを自由自在に操作せよという政策提言で、この後クルーグマンにノーベル経済学賞が授与されているが、選考委員会の見識が問われかねないものである。

ただし、これが単なる「理論」や「提言」に終わっていたのならともかく、少なくとも客観的に見た時、実際にそのような動きを現実の為替レートが示していたというのが重要である。

再度図３‐１で円ドル・レートの推移を見られたいが、71～72年に一気に円高ドル安が進行した後、じりじりと逆の動きが発生し77～78年の急速な円高ドル安の後にもゆっくりとした逆の動きが発生し、さらには85年のプラザ合意による円高も同様なものであった。そして、それらの急激な円高ドル安では何と日本保有米国債の円価値は暴落していたのである。現在の円安で米国債の円価値が上がっていると喜んでも何の意味もない。

特にこの理論が「アメリカ・ファースト」的なのは、今までドル高で利益が上がると考えて米国債などに投資していた日本人が急いで他国資産に逃げる時間を与えてはいけないと主張しているからである。

たとえば、1985年のプラザ合意による急激な円高ドル安で日本人が失った為替差損は3・5兆円と言われている（吉川元忠（1998）P71)。日本はアメリカに協力した。しかし、アメリカは日本を出し抜くことを考えていたのである。

基軸通貨国としての条件を喪失したアメリカ

こうして考えると、そもそもアメリカのような国家が基軸通貨を持つことに問題があったということになる。戦後のアメリカ経済は世界GDPの半分を占めたと言われた時期もあり、そのパワーを過小評価してはならないが、その前の覇権国だった戦前のイギリスはもっとものすごいパワーを誇っていた。

だいたい、当時のイギリスはグレート・ブリテン島とその周辺諸島のみを指していたのではなく、インドもカナダもオーストラリア、ニュージーランドも、そしてアフリカや中東、東南アジアの約半分の地をも占めていた。これは、戦後の冷戦システムで永らく世界の半分しかカバーできていなかった「西側」の覇者アメリカと根本的に違っている。

また、さらに重要なのは、イギリスは経常収支（貿易収支＋貿易外収支＋移転収支）が黒字であったばかりでなく、ピーク時には対外投資残高がＧＮＰの１・９倍に至るほどの資本輸出国でもあったことである。つまり、世界中に大量のポンドをばら撒くに至っていた実力を背景にポンドが基軸通貨となっていたのである。

もちろん、戦後のアメリカにもそれに似た状況は存在した。すでに第一次世界大戦前には世界最大の工業国となりえていたばかりでなく、その大戦を契機に債権国、資本輸出国への変貌を遂げ、１９３０年以降は海外投資残高がイギリスを上回るに至っている。このパワーを否定することはできないし、これによって基軸通貨国、覇権国が交代したのは当然のことであった。

ただし、この話を聞けば聞くほど、それはその当時のパワー・バランスであって、たとえば貿易赤字を垂れ流すようになった段に持続させられないのだとも言える。

イギリスも第一次大戦時の戦費調達で対外純資産を縮小したのであるが、それと同じプロセスはアメリカの大幅な財政赤字によって1980年代に発生しており、そこでの資金提供者は「ジャパン・アズ・ナンバーワン」たる日本とドイツに移っていた。今なら中国といえようが、ともかく当時は日本とドイツだったのであって、それへの国際経済システムの転換こそが求められていたのである。このうち、ドイツはすでに述べたようにヨーロッパ諸国を引き連れてすでにユーロ創設に動いていたのであるが、である。

したがって、要するにすでにこの時点ではアメリカは基軸通貨国たる正当性を失っていたのであって、それを取り繕うにはどうしても無理な政策運営や特殊なサポートがなければならなかった。つまり、ここで述べたような為替レートの恣意的なマニピュレーションや国債引き受けの押し付け、ドル防衛のための低金利政策などなどである。

言うまでもなく、その政策でもっとも不利益を被ったのは日本であった。

第4章　今回の円安も従属を深める

「日本の所得水準が低くなり、外国人価格と日本人価格という二重構造が形成されている〈中略〉価格の二重構造というのは、所得水準が低い国ではよく見られる現象であり、外国人が行く店の値段は、似たような商品を提供していても、現地人が行く店の2から3倍の値段になっている。外国人を相手にした方が、より高い利益を得られるので、多くのサービス業が外国人向けに衣替えを行い、これが従業員の所得向上に寄与している。

非常に残念なことだが、一連の出来事が示しているのは、日本はもはや所得が高い国ではなくなったという現実である。〈中略〉一度、所得が落ち込んだ国が復活することは極めて難しく、もう一度、高所得国の仲間入りを目指したいのであれば、今がギリギリのタイミングであるのも事実だ。」（加谷珪一「貧しくなったニッポンは「途上国型経済」を受け入れるのか……？高所得国に返り咲く最後のチャンスが迫る」講談社ウェブサイト『現代ビジネス』24年3月6日）

今回のバブルも必ず崩壊する

ところで、前章で見たように80年代バブルが対米協調政策による失敗であるとすれば、現在の状況はどうなのだろうか。金利自体はまさしく「ゼロ金利」で80年代末の２・５％を大きく割り込んでいる、そして、それによる日米の金利差は、しばらく円を１ドル１６０円にまで下落させてしまっていた。この状況は、「ドル防衛」のために４％の金利差を強要された１９８０年代末とまったく同じである。とするとやはり現在も非常に危険なバブル状況と言えるのだろうか。私の回答は「言える」である。

実際、日経平均株価と実質賃金の動向を重ねて作った次の図４‐１に見るように、現在の株価上昇カーブは異常なもので、２０２２年末に2万５０００円台だったものが４万円を超えたというカーブが如何に80年代末と酷似しているかを読者は確認されたい。違いをもしひとつあげるとすれば、80年代末バブルの時には賃金も上がっていたものの、現在は実質賃金の下落とともに生じているということである。かの時のように人々が浮かれていないのはそのためであるが、このことは今回のバブルの方が異常であることを

図4-1　実質賃金と日経平均株価の推移（1974〜2024）

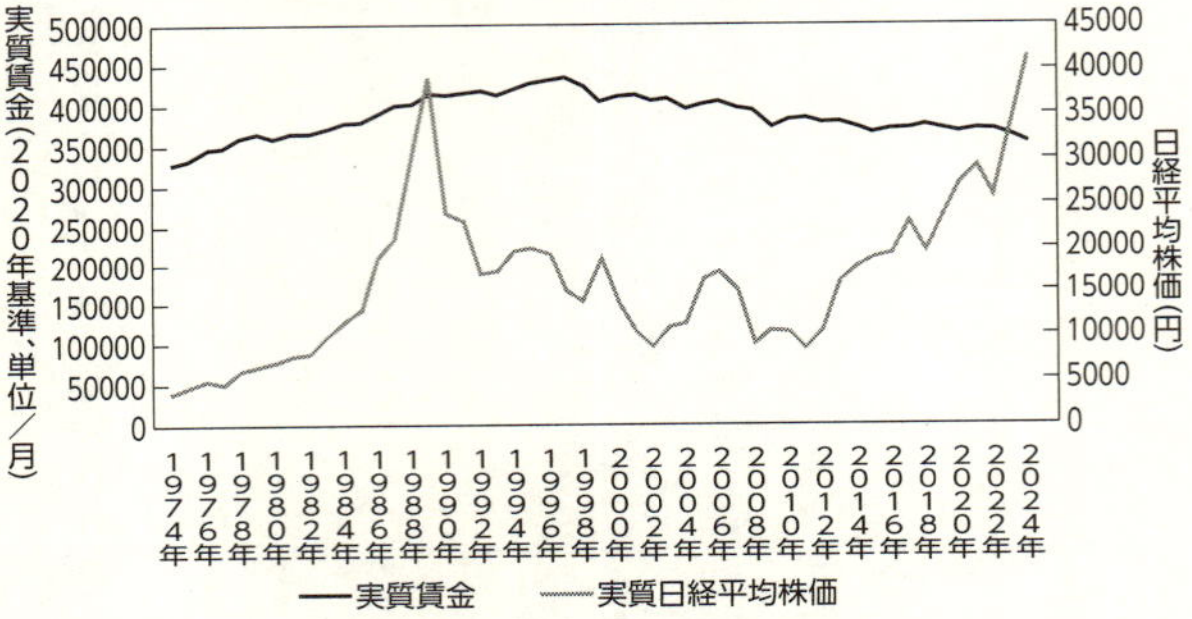

出所：厚生労働省「毎月勤労統計調査報告」、総務省統計局「消費者物価指数報告」および「日本経済新聞」ホームページ。なお、24年の実質賃金は23年度実質賃金伸び率から推計、日経平均は最高値とした。

示している。「バブル」とはそもそも実勢を超えた経済膨張を意味するからである。

しかし、もちろん、こうした異常値が持続可能であるはずはない。「異常値」というのはそういうもので、経済理論的に本来成立してはならない値ということである。そして、それはそもそも金利がゼロとなっていることからも明らかである。

実のところ、経済理論には「最適利子率の理論」というものがあって、それは金利がもっと高くなければならないことを次のような数式によって示している。

最適利子率＝物価上昇率＋実質総消費の伸び率＋時間選好率

ここでの「時間選好率」というのは、人びとにとって「今年」が「来年」よりどの程度重要であるかを示す数値で、もしそれが5％程度だとするとこの数値が0・05と表される。そして、さらにこれに通常ゼロより大きいと考えられる「物価上昇率」と「実質消費の伸び率」が加算される以上、左辺で示される「最適利子率」は少なくとも数％はなければならない、たとえば、２０２３年1年間の消費者物価上昇率は３・２％もあったので、ここでは少なくとも数％の高さでなければならないことになる。つまり、経済原則的に現在の「ゼロ金利」はあってはならない異常な値なのである。

したがって、この状況下では経済のあちこちに異常な状況が生じる。これはまさに80年代バブルがそうだったので私の世代以上の人間には想像しやすいのであるが、その最たるものはやはり資産価格の異常な高騰である。低金利は資産価格を引き上げるからであり、まさに図４‐１で見たとおりである。

しかし、たとえばこうして地価が異常に高騰した場合、健全な経済はどこかで支払い不能となり、実際にバブル崩壊に至っている。あるいは地価高騰によるキャピタル・ゲインを狙った投機の限界を突破して彼らが大規模に破綻する。いずれにしても、経済原理的に合理性のない低金利によってもたらされている現在の資産価格は必ず暴落する。その膨大なコストの支払いが目前に迫っているのである。

今回もまたドル体制の維持が目的

とはいえ問題はこのバブル、前回と同様に対米関係が非常に重要な要素として関わっていることである。前回は「ドル防衛」、すなわちドル体制の維持が「東側」との対抗上不可欠な状況であったが、今回の対抗相手は「グローバル・サウス=南側」であり、その勢いは80年代末の「東側」とくらべものにならない。

そして、実際、ドルの究極の競争相手である金が中国、トルコ、ロシアといったグローバル・サウスと繋がる諸国の中央銀行によって「買いだめ」られている。この様子は図4-2に見られるようにリーマン・ショックを起点とし、今回のウクライナ危機で加

図4-2　金売りドル買いからドル売り金買いに変わった世界の中銀

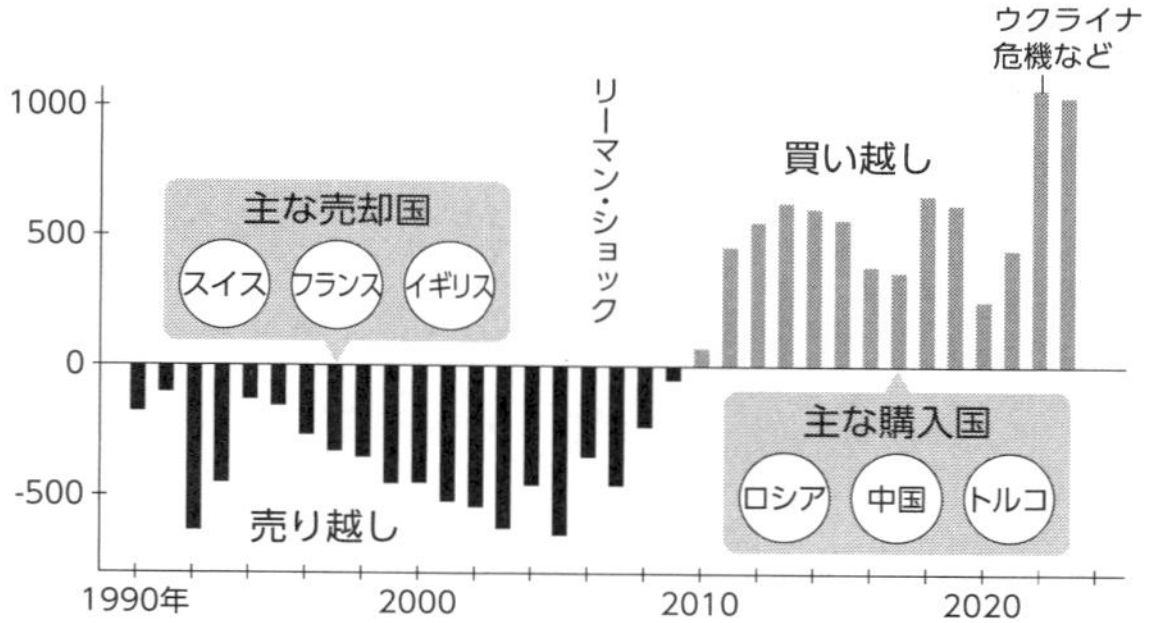

データ出所：ワールド・ゴールド・カウンシル
出所：『日本経済新聞』2024年7月30日付

速されているが、最後に今回のアメリカ大統領選挙でもトランプによる「孤立主義」への転換を予想して金価格が上昇、遂に最高値を更新するに至っている。何とボトムであった2001年の8倍にまで達しているのである（金所有者の資産は8倍化した！）

また、BRICSが共通通貨創設に向けて着々と準備を進めていることへの警戒も強い。BRICSは1980年代のヨーロッパと同じで共通通貨の創設を目指しており、すでにその前段階としてのBRICS各国通貨での相互の貿易決済を拡大させてきている。そして、その延長で24年10月の

ＢＲＩＣＳサミットでもドルに依存しない国際決済システムの創設に向けた討議が議論となっている。ロシアも中国も何らかの意味でアメリカの厳しい制裁にあっている。そのことがドルに代わるシステム構築の大きな要因となっていることは知っておきたい。

特に今回のバブルがトランプ政権末期に始まる米中デカップリング、その後のコロナ危機、そしてさらにウクライナ戦争による「西」と「南」との亀裂の拡大を背景に生じていることが重要である。世界経済の相互依存性はこれらを契機として大きく変容し、北朝鮮、イランとキューバのみだった西側の貿易制限対象国が今や中露を含むようになり、かつまたそれら諸国間の関係強化が飛躍的に進んでいるからである。

たとえばこの間、従来5つの国のみで構成していたＢＲＩＣＳにエジプト、エチオピア、イラン、アラブ首長国連邦の5カ国が参加。さらにはカザフスタンやタイ、マレーシアといった諸国も加盟に動いている。西側が経済制裁や貿易制限をしていないならともかく、西側と切り離された諸国がますます一体化し、かつ規模を拡大していきつつあるのである。

ちなみにここで問題となっているドル決済の問題について言えば、ロシアはアメリカの経済制裁を受けているから当然そこでのクレジット・カードなどの利用はできない。というより、正確に言えば、クレジット・カード（たとえばVISAカード）は使用できても、西側諸国の銀行からの引き落としができないので、ロシア国内の銀行口座を作ってください、となっている。私は24年5月にモスクワで開催された国際会議に参加した際、泊まったホテルでそのように言われ、慌てて付近の両替商で現金を両替したのでこのことを知った。

したがって、BRICSの重要メンバーであるロシアやイランへの経済制裁はこれらの諸国がロシアやイランに独自口座を持つよう勧める効果があり、その結果として彼らのドル離れを加速していることになる。そして、さらに、こうした措置を強めつつもなおドル体制を維持したいとなるといよいよもって同盟国に求められる「協調」のレベルが上がってしまうのである。

私の考えるところ、これも「一蓮托生」戦略の結果としての帰結である。日本がこの「一蓮托生」にロックオンされているのであれば、それを前提にアメリカは様々な手を打てる。しかし、その結果としてさらに期待される「協調」のレベルが上がる。このような相互作用により日本の従属がますます深まっているのである。

そもそもアベノミクスが意図した円安

ただし、ここでもこの従属、そしてその結果としての低金利政策が少なくともその当初において日本の利益と考えられて遂行されたことを無視することはできない。具体的に言うと、2012年末に成立した安倍政権による「アベノミクス」、そしてその最重要な政策としての「異次元の金融緩和」であり、その結果として当時1ドル80円程度だった円ドル・レートは瞬く間に120円程度にまで落ちている。そして、そのために日本の輸出大企業はまさに「異次元」の円安差益を得ているからである。

実際、たとえばトヨタが2万ドルで自動車をアメリカに輸出していたとしよう。それは1ドル80円であれば、160万円の収入にしかならなかったが、1ドル120円となれば240万円の収入となる。つまり、企業が何の努力をしなくても得られるのが為替差益というものであり、これによってトヨタはもともと5000億円程度だった営業利益を2兆5000億円程度に5倍化している。そして、その他の輸出企業もこの手の利益を上げ、それが日本の上場企業の多数を占めていたがために株価も上昇した。円安はこういう意味で資産保有者に多大な利益を与えたのである。

さらにもうひとつの「利益」もあった。それは、前章でも述べたアメリカ国債の円価値の変化で、それが円安によって跳ね上がるということが今回も生じているからである。24年7月現在、日本勢保有の米国債の残高として公表されている最新の数字は1兆1270億ドルであるが、この間に円ドル・レートはコロナ禍前の107円から160円に変わっているので、円ベースではざっと120兆円から180兆円に膨らんでいることとなる。つまり60兆円も資産価格が膨らみ、その多くが日本国政府やGPIFの含み益となっている。第一生命研究所の星野卓也研究員によるレポート（星野、2022）によると、この結果、財政支出が急増したコロナ禍においてさえ、政府の純債務残高は減少（改善）しているのである。

したがって、日本の通貨当局に最も近い日本国財務省が円安を好感するのも理解ができるが、ここでどうしても言っておかなければならないのは、今後もなお円が下がり続けるのならともかく、多少とでも反転するなどと考えられるのであれば、日本はここで大量に米国債を売却しなければならないということである。なぜなら、この60兆円の「含み益」をちゃんとした現金に換えるべきはまさに今なのであって、民間の投資家であれば必ずそうしている。というより、２０２２年には実際に６００億ドルの米国債が日本の機関投資家によって売却されている（ブルームバーグ２０２２年5月2日記事）。せっかくのチャンスにそれができるのか、できないのか。言うまでもなく、これは日本が対米従属であるかどうかの問いに直結する。

しかし円安は日本を「選ばれない国」に

しかし、この円安の真の評価は「この国のカタチ」を円安がどのように変えるかといったもっと大きな視野からなされなければならないと私は考えている。

たとえば、ここまで円安が進んでくると日本は外国人労働者に選ばれる国ではなくなってしまう。そして実際、飲食店や居酒屋で中国人労働者の姿はとんと見られなくなり、

表4-1　外国人労働者賃金の日韓比較（月額）

	2022年	2023年	2024年（推計）
日本（特定技能）	24.6万円	23.5万円	23.5万円
日本（技能実習）	21.1万円	21.7万円	21.7万円
韓国（低熟練労働者、主に製造業）	27.1万円	28.5万円	29.7万円

出所：2022、23年は加藤（2024）、2024年は両国賃金水準不変の仮定の下で為替変動を考慮した推計

カンボジアあたりでも、日本より韓国に行っている労働者数が3倍以上となっているらしい。三菱ＵＦＪリサーチ＆コンサルティングの加藤真氏が掲げる表を切り抜きし（加藤、２０２４）、さらに２０２４年の推計を加えると次の表４‐１のようになる。文在寅政権による大幅賃上げが韓国の競争力を削いだとの批判もあったが、「競争力」なるもの、人口減の下での競争力とは外国人労働者を引き付けるものでもなければならない。それにもかかわらず、日本の方は賃金も下がり、為替も下がる。「この国のカタチ」が壊れかけていることがわかる。

ちなみに、こうした低熟練労働者層の「買い負け」に限らず、高度技術者や大学教員層の流出も忘れてはならない。私自身が近しい大学研究者から聞いた話でもあるが、アメリカの大学で助教（助手）をしている人物が日本の国立大

学から教授として招聘された際、あまりの給与の相違を理由に断ってきたというのである。日本ならせいぜい年間700～800万円程度の収入が（私も京大教授の時はそうだった）、アメリカの助手として現在1400万円程度をもらっているからということである。異常な円安がこうした事態を招いていることを日本の政治家はどう考えているのだろうか。

円安は日本を途上国にする

ただし、実は、この異常な円安は日本をもっと根本的なところで途上国化しているという実態がある。

というのは、ここまで円安が進むと従来通りの輸入をすればドル・ベースの支払い代金が膨張して貿易収支が赤字化する（すでにしている）が、その状況でさらに輸入を増やすような国内景気の改善がご法度となるという問題である。少しの景気回復でも起きれば輸入が増え、それが貿易収支と経常収支を悪化させて外貨準備の上限に達してしまうからである。もちろん、円価値が高ければ簡単にドルを購入してこの制約を突破できるが、２０１２年初頭と比べて円価値を半分にまでしてしまったら、そうはならない。そして、この場合、金利を上げるなどして経済を冷やす以外なくなるのである。

実のところ、こうした状況の到来は私だけが言っているのではなく、『エコノミスト』が今回の円安を論じた特集でも指摘している点で（近條、２０２４）、「国際収支の天井」と言われるこの状況は過去にも１９７０年ごろまでの日本で存在したこと、その後の日本はそうではなくなったものの、途上国には一般的な状況として存在し続けていたことを主張している。逆に言うと、一旦「先進国」となった日本がここにきて再び「途上国化」しているということになる。

あるいはもう少し理論的に次のように説明することができる。１９７０年代以降の元気な日本は為替レートの下落が数量ベースでの大幅な輸出拡大をもたらし、よって貿易収支⇓国際収支も拡大させる効果を持っていたのであるが、現在はそうではなく、逆に輸入財の支払額の高騰で貿易収支全体にマイナスの効果を与えてしまっている。これは、現在のようにすでに製造業の生産拠点が海外に移転し、海外に拠点を持つ日本企業の利

表4-2　アベノミクス導入後2年間の貿易収支への影響

2013年

			対前年変化率
輸出	価格ベース	697742億円	9.50%
	数量ベース		0.60%
輸入	価格ベース	812425億円	27.40%
	数量ベース		2.40%
純輸出	価格ベース	-114684億円	65.20%

2014年

			対前年変化率
輸出	価格ベース	730930億円	4.80%
	数量ベース		0.60%
輸入	価格ベース	859091億円	23.10%
	数量ベース		0.40%
純輸出	価格ベース	-128161億円	11.80%

出所：各年貿易統計

益が日本に還流せず海外に再投下されるようになると生じる現象で、ここに至ると為替レートの切り下げは悪影響の方が大きくなるのである。

このことを実際の問題として示すためにアベノミクス導入後2年間の円安（1ドル80円から120円への円安）の影響を次の表4‐2で確認しておきたい。どちらの年にも数量ベースの輸出入は殆ど変化がないが、価格ベースの輸入だけが急増して純輸出の赤字が激増している。これが過去とは異なる日本の現状であって、こんな状況の下で円安を作り出したアベノミクスとは何だったんだろうと思う。

前述のように輸出企業は膨大な追加利益を上げ、それによって株式所有者も大きな利益を上げたのであるが、日本のマクロ経済としてははっきりマイナスであったのだと言わなければならない。もちろん、これ以外にも、輸入財を購入する庶民や輸入系企業の不利益はもっと直接的であったのではあるが……。

したがって、ここでのポイントは現在の状況下では為替レート安は非常に危険であること、そして、その結果、「国際収支の天井」と抵触するような「途上国状況」に陥ってしまっているということである。これらがすべて弱体化するドル体制維持の目的から始まっていることを確認しておきたい。

日本人を相手にしなくなりつつある日本企業

したがって、こうして日本の所得水準が国際基準からして下がってしまうと、（前々節では労働者の側の行動の変容を論じたが）今度は企業の側も行動様式を変えることになる。貧乏な日本人相手の商売ではなく、金持ちの外国人を相手にしようとの行動の変化で、前述の加谷氏は自分の性を外国人に販売する女性の増加を紹介している。

これは、そうした目的でアメリカに渡航する女性たちとその経営者が2024年1月に警視庁に捕まった、他方でそれと間違われた日本女性がハワイへの観光旅行で入国を拒否されたという話の紹介としてである。こうした「商売」が発生していることも情けないが、日本の若い女性たちがアメリカ人からそのように見られるようになったということも深刻である。過去に日本人が東南アジア諸国の女性に対して持っていた偏見・蔑視が今、日本に向かおうとしているということになるからである。

しかし、問題はこうした影の商売だけでなく、もっと華やかな「商売」での変化の方が重要かも知れない。たとえば、日本人相手に旅館やホテルを経営するより、一気に外国人専用のものを造り、それで「外国人価格」の商売をしようとの方向性で、その先例は北海道のニセコやトマムで有名になっている。たとえば、ニセコについては矢部拓也氏が指導下にある院生とともに書いた論文（矢部・野続、2016）では経度が同じでかつ夏冬が逆転しているオーストラリアからのスキー客が冬季にあふれる様子をレポートするとともに、冬にしか来ないので夏をどう生きるかという問題に地域が直面しているとしている。

　同様の問題は東京都内に新しく建設され続けている超高級マンションの顧客が殆ど外国人であるという形でも生じている。最上階マンションの価格が３００億円ということでも有名になった麻布台ヒルズにはそのメインタワーに隣接してインターナショナル・スクールが併設されたが、３歳から18歳までの生徒にイギリスのナショナル・カリキュラムに基づく教育を提供するというこの学校の校庭開園式にはイギリスの教育相まで来るという力の入れようである。ただし、年間の授業料は２６０万円でやはり「外国人用」である。そういう人たちだけを相手に森ビルが商売をしようとしているということになる。

　実のところ、この傾向はここ麻布台ヒルズのみに終わるものではなく、現在田町駅と品川駅の間で進められている巨大プロジェクトもまったく同じである。ここにはすでに４棟の大規模な高層ビルが建てられてしまっているが、その一番北に位置する大規模ビルはやはりインターナショナル・スクール併設のマンション棟となっている。このマンションの価格はまだ発表されていないが、やはりここも外国人相手なのである。

ともかくこうして日本人自身が日本人を相手にではなく外国人を見つけて走り回りだしている。これを「途上国化」と言わずしてどうしようか。日本の民族主義者はもっとこの問題を知らなければならないと思うのである。

資本主義は対等な国際関係を嫌う

したがって、本書で何度も繰り返していることではあるが、こうして新たに形成されつつある日本人と外国人との関係は、過去に私たち日本人が東南アジア諸国や中国の人々と持った関係に非常によく似ていて、もっと言えば、それが逆転しつつあることに気づく。

たとえば、多くの日本人が嫌う中国からも超富裕層が大挙してくる可能性がある。従来は日本の学校教育はダメだと日本国内の中国人家族が子供だけ中国に帰すといったことがあったが、今後はインターナショナル・スクールで安心して学ぶ、ということになるかもしれない。そして、もしそうなれば日本企業はその周辺に拠点を置いて彼らを相手とする各種事業をした方がずっと儲かる、ということになろう。これにはレストランなどの小さな事業でなく、大口の株取引きを仲介するトレーダーなどもありうる。

　実際、何十年か前に東南アジアのビーチに遊びに行った際、高校教師を辞めて外国人ツアー・ガイドになったという人のお世話になったことがあるが、「職業」のランクは落としてもずっと実入りがよいなら人間はそれを選ぶ。こうした関係を日本は進んで形成しようとしているのである。

　私はこういう事態を見ていつも思うのであるが、国家間の対等な関係をつくるのはそう簡単ではない。過去にはこちらが優位にあったが、今後はそうではなくなる。いつもどちらかが優位となるような関係を築いていて落ち着かない。今回の場合であれば、もちろん、自尊心を傷つけられることになる。ヨーロッパの排外主義と似たようなことにならないか心配である。

　というより、むしろこの関係はそもそも従来の国際人口移動が使用人と被使用人との関係にすぎなかったのだとの理解に導く。というのは、日本の飲食店や居酒屋などに来ていた外国人は、まさに「被使用人」であって我々日本人は「使用人」であった。言葉は悪いが日本の優秀な野球選手が大リーグに向かうのは、彼らの前でプレーすることで得る観戦料が日本より高いからであって、要するに「サービス」の提供相手をアメリカ人に変えたということになる。どれも本質的には「使用人」と「被使用人」の関係であって、要するにその中で我々はより実入りのよい方を選んでいるのである。

したがって、ここでは、誰が雇うのか、誰を雇うのか、その選択が国境を越えてなされるようになっていて、それがために様々な軋轢を我々は経験しているのである。雇う、雇われるという関係の根源たる「資本主義」というシステムの問題としてもこのことを考えたいと思う所以である。

トランプで終わるか日本の円安

ただしこの円安、トランプの当選確率が跳ね上がった7月頃から、解消に向かいつつあるようにも見える。トランプはバイデンと行った6月28日のテレビ討論会で「34年ぶり（当時）の円安・ドル高は米国にとって大惨事だ」と述べたのがその出発点である。

トランプはその第1期政権でもラスト・ベルトの製造業の復活を公約としたが（だからこそ中国やメキシコなどからの輸入を敵対視した）、そのために輸出競争力を高めるドル安誘導を主張した。その議論と連続するので、この発言には一定の信頼性がある。

しかし、第1期トランプには円ドル・レートが逆に動いていて、それはトランプの政策には逆の側面もあるからである。たとえば、対中関税の60%への、それ以外の国へも10%の関税をかけるとの公約に表されるような政策はインフレを高進させ、よって高金利を続けさせる可能性を高めるからである。ついでに言うと、『日本経済新聞』24年7月4日付の「オピニオン」に掲載されたエイドリアン・クーパー氏の小論でも、そもそも現在の物価上昇が全世界的に続く結果、金融当局は金利引き下げに向かえないだろうとしている。

そう言われると日本のこの低金利は何なのだとも思うが、経済原理的に言って日本の低金利が異常だと言っているのだと解釈すれば理解できる。いずれにしても、円ドル・レートの将来がこうしてアメリカの一挙手一投足に依存していること、トランプの政策もまたしかりという現状を問題にしておきたい。

第5章　歴史的転機だったアメリカの保護主義化

「かつての冷戦が軍事的な情勢をめぐる競合であったとすれば、この新しい競合は経済的・技術的な支配をめぐるそれであるといっていい。目をみはるような日本の台頭は米国の不安を深めてやまない。しかし、日本の経済的な成功というより、国民的な不安と排他主義を煽る米国のリーダーシップの失墜こそが、米国を日本封じ込めに駆り立てているのである」

（Shafiqul Islam（1989/90）、"Capitalism in Conflict," Foreign Affairs, vol.69, no.1（梅垣理郎編訳（１９９３）『戦後日米関係を読む――『フォーリン・アフェアーズ』の目』中央公論社に訳出掲載）

過去のものとなった「グローバリゼーション・スローガン」

以上、第2章からの3章は主にアメリカとの経済・貿易関係についてアメリカの身勝手が日本に膨大な不利益をもたらし続けてきたことを述べたが、他方ではある一定の条件下で日本の利益との「一蓮托生」状況があったことをも述べた。これは非常に重要なことで、「状況」は一律ではなく、ある時期に存在した「対米従属の利益」をも認めておくことは議論の中立性を確保するためにも重要である。実際、資源が乏しく、よって輸出による資金確保が不可欠な日本にとってアメリカという輸入大国との友好関係は少なくとも経済的には不可欠であった。アメリカがいかに邪悪な国であろうと、日本が経済的に生き続けるにはそれが不可欠であったのである。

しかし、それはアメリカが自由貿易主義の立場をとっていたから言えたことであって、それが本書第2章冒頭で見た繊維摩擦のような保護貿易主義に転じるようになると言えなくなる。実際、繊維摩擦の時には最終的に日本国民からの税金が繊維産業への損失補填のために使われなければならなかった。第2章では書かなかったが、その額約200

0億円。当時としては相当な金額であった。

といっても、その当時のアメリカはまだ「自由貿易主義」の枠内にあった。途上国の多くが自国産業保護の目的で輸入関税の設定を常態化していた下で、強力な工業力を持つ先進諸国は「自由貿易の守り手」であったのであって、それは間違いない。その国際機関たるGATT（関税および貿易に関する一般協定）はそもそも1934年のアメリカの互恵通商協定法に起源を有し、1948年に発足させた23カ国ももちろん殆ど先進諸国であった。

しかし、それもアメリカの貿易赤字が桁違いに膨張すると話は違ってくる。その様子は次ページの図5-1で確認されたいが、特にここでのポイントはこの貿易赤字拡大の殆どの原因が対日赤字にあったことを示していることにある。本書第2章では繊維摩擦に始まるアメリカの対日貿易圧力を見たが、そこでの繊維摩擦と支援戦闘機（FSX）や半導体、パソコンOSの際の対日圧力との違いもここから理解できよう。

それからもうひとつ、このアメリカを筆頭とする現在の先進諸国が過去とは異なり、すでに「保護貿易国」となってしまっていることも次ページの表5-1からも確認して

図5-1　80年代後半に急拡大したアメリカの貿易赤字

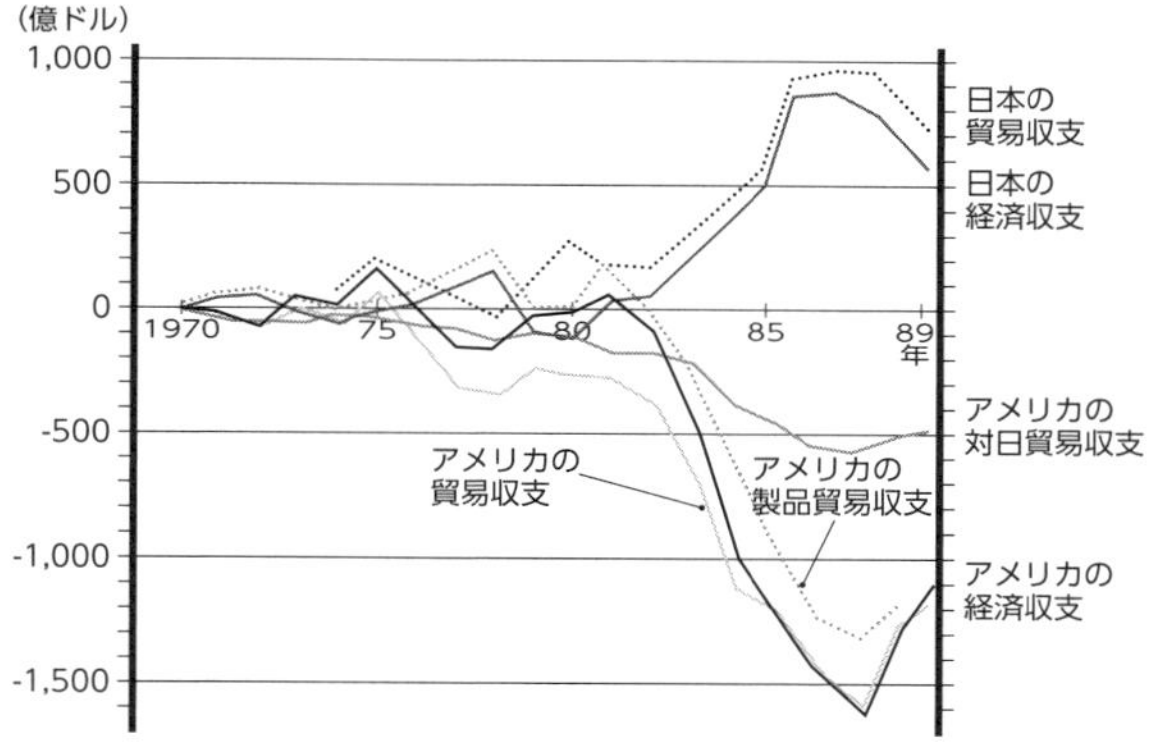

出所：坂井昭夫(1991) P9

表5-1　WTOの紛争案件国・地域のマトリックス

申立国＼被申立国	アメリカ	EU	カナダ	日本	ブラジル	インド	アルゼンチン	その他先進国	その他途上国	合計
アメリカ		27	3	6	4	3	4	16	7	70
EU	24		3	6	3	6	6	4	5	57
カナダ	9	6		1	1	1	0	3	0	21
日本	7	0	1		1	0	0	0	2	11
ブラジル	7	4	3	0		0	2	2	1	19
インド	6	4	0	0	1		1	2	1	15
アルゼンチン	1	0	0	0	0	0		1	2	4
その他先進国	14	4	1	0	0	3	0	10	9	41
その他途上国	13	15	0	0	2	0	2	5	12	49
合　計	81	60	11	13	12	13	15	43	39	287

(注)　①対象は1995年から2002年5月23日までのWTO紛争案件。
②先進国はOECD加盟国(2002年5月現在)およびEUとし、途上国はそれ以外とした。
③複数国申立案件は各申立国につき1件とした。

出所：梶田朗・安田啓(2002)

おきたい。これは反ダンピングなどの申し立てをどの国がどの国に対して行っているかを示すマトリックスで、たとえばアメリカは70件の申し立てをしているが、逆に81件の訴えを受けていること、EUも57件という自身の申し立て件数より60件という被申立件数の方が多いことにそのことが示されている。

80年代後半および90年代を経てこういう状況に今世紀初頭にはすでに至っていた。そして、その後の米中摩擦に引き継がれることとなるのである。

自由貿易を棄てたアメリカは役に立たない

したがって、ここで認識しなければならないことは、過去には貿易上の競争力を持っていた先進諸国がまずは「日本」という後発国に競争力を奪われ、次には中国など途上国に奪われ、といったことが生じており、それがために、どんどんと「保護貿易化」してきたということである。そして、もしそうなると、貿易立国たる日本にとってのありがたみも一気に消えてしまうことになる。問題はこの変化によって、過去における日米関係とは全く異なる日米関係が求められるようになったことである。

このことを強調するために、こうした関係の変化が途上国にとっても言えることを指摘しておくことも重要であろう。ここでの議論のように、過去には保護貿易によって自国産業を守る以外になかった途上国も、そうした輸入代替工業化の段階を経て輸出主導型に多くが変化する。まずはＮＩＥＳ地域が、そして東南アジアや中国がこの過程を歩んだが、ともかくそうなると彼らもまた輸出相手国としてのアメリカをありがたいと思えた時期を経てそう思えなくなった時期を迎えているということになる。そして、これが日本、韓国、台湾から東南アジア、中国、バングラデシュ、インドへと次から次へと拡がり、結果として世界的にもそう思われるに至っているのである。

今やグローバル・サウスと言われる諸国を無視できる時代は終わった。そういう時代には「世界」がアメリカのありがたみを感じなくなっていると言わざるを得ないのである。

実際、近年の中国が「輸入大国」というのを強調しているのもそのことがわかっているからであり、２０２４年には中国がアフリカ33カ国からの輸入全品目を無関税にした。

今や過去とは違って途上国は先進国の工業品を輸入するだけの存在ではなくなっている。輸出先こそが重要になっているのであって、そこから輸入をしさえすれば彼ら途上国に喜ばれる。そういう意味で、アメリカの保護貿易主義化はとどのつまり国際的影響力の喪失過程にほかならないのである。

この点で紹介したいのは、日本におけるナショナリズムの変遷を概観した浅羽通明氏が2004年に書かれた言葉である。氏はその年に出版した『ナショナリズム　名著でたどる日本思想入門』（ちくま新書）で、「反ナショナリズム知識人たちは、アメリカン・グローバリズムを肯定する立場を選ばないかぎりは、説得力ある代案を提示する責任があろう」（P29）と述べている。この一文は「反…は、…しないかぎりは…」という形の二重否定となっていて少し読みにくいが、これはナショナリズム批判派は余程のことがない限りアメリカン・グローバリズム肯定とならざるを得ないという言い方でアメリカ主導の世界経済を問題としているからである。

これに対し、私は先にすでに今世紀初頭には状況が変わっていたと述べたが、それでもまだ先の表5‐1の米欧の紛争申立て件数と被申立て件数に大きな違いがなかったという意味ではまだまだ転換過程にあったのだということもできる。言い換えると、その時には「アメリカン・グローバリズム」は浅羽氏が述べたほどには問題のあるものではなかったのである。

しかし、こうした状況は遠い過去のものとなった。トランプ政権が2017年に成立し、今回また再選されたトランプ大統領は「ラスト・ベルト」を保護するのに必死でもはやどこにも自由貿易主義の名残を見せない。この状況の下では、もはや「自由貿易の恩恵」をアメリカはもたらさないのである。

重要なことなので繰り返すが、浅羽氏の論の組み方はまったく正しい。我々のような貿易立国にとっては、というかその段階に達した世界の諸国にとっては自由貿易であるかどうかが重要なのであって、それを肯定していれば「反米」のような「ナショナリスト」にはなりえなかった。ただし、それが逆転した。アメリカの保護貿易主義化によって、「グローバリスト」こそが「反米ナショナリスト」になれるようになった、ならなければならなくなったのである。

アメリカが今までどおりの国であるのなら「反米」になる必要はなかったが、その経済力の低下によって必然的に「反米ナショナリスト」が成立することになったのである。

日本の第三国貿易をも妨害するアメリカ

この自由貿易問題では、現在のアメリカの一層の身勝手にも言及しないわけにはいかない。アメリカは日本からの工業品に高額関税をかけて日本からの輸出を妨害してきただけでなく、今や日本が他国と自由貿易をすることにも邪魔をしだしているからである。具体的には現在、アメリカが最大の競争相手とすることとなった中国との貿易への妨害である。

確かに、過去に日本の強みであった家電や電子機器、自動車などの分野で次々と追い越す中国は日本にとっての競争相手でもあり、その意味ではアメリカと共通した利害関係を持たないわけではない。だが、電気自動車のような開拓的分野では最初から中国が積極的だったので、彼らの優位性は何か日本産業を不利にしようとした政治的圧力によるものではない。かつての日本が産業ごとに対米競争力を市場の力で獲得してきたのと同じである。そして、その意味でこうして中国が独自に獲得した新規技術についてもそれに「対抗」するよりは、その技術を認め、それに「参画」することこそが必要ではないかと私は考えている。これはいかに欧米が嫌いであっても「脱亜入欧」を叫ばないわけにはいかなかった福澤諭吉にも通じる考え方である。

もっと言うと、現在の日本技術のもっともコアとなる部分は産業機械などの中間財生産の特殊技術にあり、それを使った製品を中国に提供するなと言われると日本の強みをまったく発揮できなくなってしまうということである。

たとえば、東京大学の丸川知雄氏はパナソニックの液晶テレビ製造には何段階かの過程があって、それぞれを日中企業が分担していることを報告し、両国経済の分離が不可能なことをレポートしている（丸川知雄（２０２４））。液晶パネルを変色させる露光装置は日本のニコン、パネル自体のガラス基板も日本の旭硝子の子会社、それを研磨するのも旭硝子の別の子会社であるが、液晶パネルの組み立ては中国のＴＣＬ子会社、本体のＯＤＭ（Original Design Manufacturing）生産はＴＣＬ本社によって担われているのである。

両国企業がこれほどまでに相互依存していることを知るとともに、日本技術が川上にあることを理解しておくことは重要である。ともかく、この状況で製造大国中国に高度技術を要する製品を提供するなと言われると日本製造業がなりたたないことは明らかである。

残された日本の強みは工作機械と中間財生産

ちなみに、日本の機械振興協会が日米欧アジア企業から集めたAnnual Report Dataを再整理すると日本の機械工業にも強いものと弱いものとがあり、日本の世界シェア順に並べると表5-2のようになった。これに見られるように、工作機械産業のシェアが非常に高く（ただし工作機械産業の規模自体は大きくない）、自動車部品、重電・産業機械と続いているので全体として製造大国への輸出が日本の生きる道となっていることがわかる。要するに隣の工業大国中国への供給であり、逆に言うと、この中国のおかげで日本がこの分野で強くなっているとも言える。いずれにしても、この状況の下、中国

表5-2　機械工業部門別の日本企業と他エリア企業の売上シェア（単位％、2020年）

	日本企業	北米企業	欧州企業	アジア企業	合計
工作機械	44	2	38	16	100
自動車部品	28	17	36	20	100
重電・産業機械	27	27	36	10	100
自動車	25	14	36	25	100
家電・映像機器	24	18	14	43	100
施設・農業・鉱山機械	22	38	20	20	100
半導体・同製造装置	15	43	9	33	100
コンピュータ・事務機	15	44	1	41	100
医療機器	11	53	33	3	100
造船・海洋設備	11	25	23	41	100
情報・通信機器	10	32	6	53	100
航空・宇宙機器	4	56	36	4	100

出所：山本哲三（2022）p.1の表を再構成

への輸出をアメリカに禁じられれば日本は終わりである。

なお、この表からは以上に加えてさらに興味深い特徴が表されているので付言しておきたいが、それは日本企業の強みと北米企業の強みが全体として逆になっているということ、反対に欧州企業の強みと大きくは同じとなっているということである。これは今までアメリカの製造業と日欧のそれとが補完的な関係にあったことを示唆している。

ただし、欧州企業にはそれ以外にコンピュータや情報・通信機器、半導体などの新規産業部門での弱さがあり、とはいえ航空・

宇宙では日本と違って強みを持っていることがわかる。本書第2章で見たように日本航空機産業の発展がアメリカによって疎外されたことの反映と言える。

警察や検察までもがアメリカの手先に

ところで、そうであるにもかかわらず、アメリカは自国の国益から日本の対中輸出に様々な難くせをつけ、それが冤罪事件にまで発展したことがある。NHKスペシャルでも2度にわたって報じられたので世間にも知られるようになった大川原化工機による「不正輸出」冤罪事件である。

この会社は粉ミルクの製造などで使う噴霧乾燥機という特殊な装置を製造していたが、警視庁公安部は液体を粉状にするこの装置が生物兵器製造に転用が可能として、会社を捜査、責任者を何と1年近くも勾留、そして検察も起訴をしている。ただし、会社側がこれらを不当と告発した裁判で最終的にはこの装置は細菌を扱えず、また殺菌処理も行えないことから転用不能であることがはっきりし、警察の逮捕、検察の起訴は不当であった、取り調べにも偽計があったとの判決が地裁で出されるに至っている（その後、高裁に控訴）。つまり、冤罪事件だったのである。

ただ、ここで問題となるのは、この冤罪で偽計を用いた取り調べが行われた背景に捜査官が昇進を期待したということ、さらにその背後には警視庁トップである警視総監の関与が関係者に伝えられていたということがある。また、警察の報告を受けた検察の側でも、慎重だった検察官が変わった途端に起訴となり、あるいはさらに検察官が変わって起訴取り下げとなるような「組織の論理」が働いていたという問題がある。昇進を狙う官僚たちが派手な事件の立役者となることを期待して無理な捜査や起訴をやっていたのであるが、もちろんこの最奥の背景となったのは日本国政府の対米配慮というものである。

実を言うと、この大川原化工機の大川原社長は日本化学工業会の副会長でもあって、小さいながらも日本産業の典型をなすような企業を担っている。単なる「化学工業」というより、製造機械なので大きな意味では上で述べた工作機械・中間財生産の典型である。こうした産業の支援こそが大事な時に、日本の官僚機構は国益に反することをやっているのである。

ちなみに、この起訴は2度にわたって行われ、「中国への不正輸出」について行われた一度目の背景には本書が問題とするトランプ政権の「国防権限法」の制定（2018年8月）というものがあった。対中貿易規制を強化するトランプ政権の意向が直接に反映されたことになる。

また、二度目の起訴は「韓国への不正輸出」が起訴事由となっていたが、この背景にも日韓関係の悪化による韓国の「ホワイト国からの除外」という閣議決定があった。どちらもが起訴案件の事実の検証とは無関係で、ただ外交上の変化だけをもろに反映していたということがわかる。被害者にとってはたまったものではない。

この起訴事件では会社役員の一人が1年近く拘留されていた最中に持病で病死するということも起きている。日本の対米従属が現場でどのように貫かれ、どのような問題を起こしているかを知らなければならない。

アメリカの経済制裁はどのように日本をも縛っているか

しかし、このように書くと、どうしてここまでアメリカに怯えるのかということが問題となるが、この回答には「ドル体制」という世界的な国際決済システムの問題を説明しないわけにはいかない。まさにすべての国際決済をアメリカの銀行経由でしなければならないというシステムがこれであり、そのために各国の銀行はどうしてもアメリカの意向に従わざるを得なくなっているからである。

杉田弘毅氏の『アメリカの制裁外交』（岩波新書）という本はこの事情を詳しく説明している。それによると、アメリカ政府は単にアメリカに存在する銀行をコントロールする権利を持つだけである。ので、アメリカは経済制裁の他国への押し付けを「国内法の域外適用ではない」と主張するが、各国がドルの形で国際決済を希望する限りこれらの銀行を通過しないわけにはいかない。

私の場合も、海外で行った講演料や国際航空運賃の払い戻しなど少額の国際送金をうけたことがあるが、それがたとえ中国やインドからのものではあっても、必ずアメリカの銀行を経由していた。中国の場合など、香港とアメリカの2カ所を経由したために数万円の送金のうち、1万円程度を送金料として差し引かれていた。ともかく、中国と日本との間でもこのようにアメリカ経由となっているのである。

したがって、この取引において送金者や受け取り手のどちらかの「取引停止」をアメリカの国内法で決めさえすればその国際送金はできなくなる。これが「アメリカによる経済制裁」のメカニズムとなっているのである。

制裁の乱発で損をする西側諸国、しかし非米諸国は離脱へ

しかし、もちろん、このようなことを続けていくとドル決済の不便さから「ドル離れ」が生じかねない。そして、実際、前章で見たような金や人民元、ＢＲＩＣＳ共通通貨などへの転換の動きが加速している。いわば、そうであるからこそ「ドル体制を守れ」とのアメリカの政治的圧力がかかっているのであるが、この試みも長期には持ちそうにない。無理はどこかで通らなくなるので、まさにどこかで方針の転換が必要になる。

たとえば、先の杉田氏の著書では、近年上記のような国際送金で西側諸国にあっても大きな不利益を被った例としてヨーロッパ最大の銀行であるフランスのBNPパリバがアメリカから9400億円もの制裁金を課せられたという事件が紹介されている。同銀行がスーダンやキューバ、イランへのドル送金業務を請け負ったのがアメリカの2つの制裁法に違反したとの廉《かど》で9400億円もの制裁金を課せられたという事件である。この金額は小国のGDPにも相当するもので、さすがに当時のフランス大統領オランドもオバマ大統領と掛け合ったが、どうにもならなかった。何と結局その全額を支払っている。

金額こそ違え、日本の銀行も同様の制裁に遭っている。三菱東京UFJ銀行も2002年から2007年にかけてイランやミャンマーなどへの送金規制に違反したとして約700億円の支払いをさせられているからである。つまり、こうしてアメリカを頼りとした国際経済活動を続ける限り、本来はアメリカの国内法である諸法規にしばられ、いつ何どき巨額の制裁金を課せられるかわからないのである。

ということでここで述べたいのは、アメリカが制裁の対象国を増やせば増やすほど、西側諸国の自由度は狭められていき、それが特に前回のトランプ政権時に急増していることである。

先の杉田氏の著書が紹介する「新米国安全保障センター」の統計によるとアメリカの制裁対象である「特定指定」はオバマ政権時に毎年300〜600件だったのが、トランプ政権となって2017年には約1000件、2018年には約1500件に急増している。アメリカに付き合うことのコストが急増しているのである。

したがって、アメリカとの付き合いが深ければやむを得ないとしても、それほど深く関わっていなかったり、付き合いがあってもアメリカの制裁対象国（イランなど）の方が重要な国や企業はひとつずつアメリカ・ネットワークから外れようとする。たとえば、中国の珠海振戎という石油関連貿易企業は一切アメリカと取引をしていないがためにイラン原油を何の気兼ねもなく輸入し続けている。決済も人民元での支払いや中国産品との物々交換でやっている。

この「物々交換」ができるのは中国が先方に持って行ける工業製品を何でも持っているからで、こうした生産力がこの「アメリカ離れ」を可能にしていることが重要である。

私の考えるところ、トランプはこうしたトレンドを十分に理解しているのではないだろうか。そして、理解しているがためにこの不可避なトレンドを先読みして、多くの諸国が「アメリカ離れ」をした状態にどうソフト・ランディングするかを考えているのではないだろうか。諸外国・諸企業に「アメリカ離れ」を起こさせる措置を一切の躊躇なく推し進めているトランプの姿はそのように見える。トランプが当選した今、日本の行く末として再度真剣に考えるべき時が来ているように思うのである。

衰退するアメリカにどう対処するか

なお、ここまで言うと、本章の最後に付言しておかなければならないのは、こうして中国企業や中国に関係の深い国から順に「アメリカ離れ」が起きているのも、アメリカ自身が影響力・影響圏を縮小させているのも、すべては生産力的な意味でのパワー・シフトがグローバルに生じていることが原因しているということである。

経済的な対米従属の実態を論じてきた第2章以降のすべては、結局のところこの認識に導いたのであって、たとえばアメリカが貿易赤字で苦しまず、放っておいても「強いドル」が常態であるのであれば日本に「ドル防衛」のための無理をさせることもなかった。あるいは、日本産業をつぶすこともなかったからである。

そして、もしそうすれば、アメリカの指導者は誰がなっても殆ど同じことをやる以外に方法がなかったと言える。万が一、何らかの選択肢がアメリカ指導者の前にあったとしても、それはそうして従属国に無理をさせるか、そうした必然的な無理の結果として生じる「アメリカ離れ」に対応することでしかなかったであろう。トランプとはこの後者の典型であり、その再選が決まった以上、そちらの方向に事は加速されるということになる。

したがって、今後の日本に問われているのは、この「トランプ2・0」が想定する「アメリカ離れ」をちゃんと日本ができるかどうかである。つまり、この新しい経済的必然性に政治がどう答えるかが問われている。次章以降はその点について論ずる。

第6章　反米を言わない「右翼」と政治家たち

「戦前の右翼は国家革新運動だったし、革命だった。ところが戦後の右翼運動は「反共」だけがすべてになって、牙を失った。体制への補完運動でしかない」

（鈴木邦男『愛国者は信用できるか』講談社現代新書、P62-63、2006年）

まじめに「反米」だった戦前の右翼

本書はこうして縷々「反米」への転換の必要性を論じているが、ここからはなぜ政治がそうなっていないかを論じる。とりわけ、この点では本来「反米」の先頭に立つべき戦後日本右翼の情けなさを論じる。

実際、本章冒頭に掲げた鈴木邦男氏の言葉はその情けなさへの鋭い批判となっている。後にも述べる一水会という真に純粋な民族主義団体を立ち上げた憂国の士だからこそ発することのできる批判である。

ただし、この2行の言葉を全面的に支持するには「戦前の右翼」への積極的評価も伴わなければならないが、これには簡単に同意できない読者も多いだろう。戦前の右翼をにわかには革新運動と認められない読者も多かろうからである。が、私は慶應義塾大学でマルクス経済学を教えてきた研究者としてはっきりと申したい。後発帝国主義としての日本が対米戦に向かったのは先発帝国主義としての英米がブロック経済を敷いたからであり、最初に仕掛けたのは彼らの方であった。両者がともに帝国主義であったことは事実としても、「ブロック経済」という彼らの反自由主義的な政策はここに始まっているのだ、との主張である。

実のところ、私は戦前期に「南洋協会」という名前で存在した「帝国主義的」団体の後身である「アジア・南洋協会」の理事を現在務めているが、その100周年記念だったかの座談会のために調べた戦前期の歴史は真に教訓的なものであった。英領マラヤやインドネシア、南洋諸島などでこの協会が活発に活動できていたのは、当初、これらの地域が自由貿易の地であったからであり、後発工業国としての日本はそこにどんどんと工業製品の輸出ができていた。そして、南洋協会もまた自由貿易主義の協会として活動していたのであった。

だが、ABCD包囲網が敷かれると状況は一変する。貿易制限が行われ、これまでの貿易ができなくなると協会内の言論状況はまたたく間に「力」による突破へと動く。もちろん、このことだけで彼の戦争を支持するということはできないが、そうせざるを得なくしたというのが第二次世界大戦だったのである。現在のブロック化や経済制裁の多用と本質的にまったく同じである。

したがって、ここで言わなければならないのは、戦前期の日本右翼は現在と同じ状況下でちゃんと「反米」（正確には「反英米」）でありえたのが、現在の日本「右翼」にはまったくそれができていないということとなる。ここで「右翼」とカギカッコをつけたのは、そういう者たちをそもそも「右翼」と呼べるのかどうかという疑問を表している。「右翼」と言うに値しないという趣旨からである。

ヨーロッパの栄光はアジアの屈辱

もうひとつ、この文脈で述べておきたいのは「ヨーロッパの栄光はアジアの屈辱」との岡倉天心の言葉についてである。これは天心が1902年にカルカッタで書いた『東洋の目覚め』の一文であるが、本来「茶の本」など東洋文化論の論客であった天心の激しい欧米への敵意は戦前日本にあった「大アジア主義」の思想的深みに私たちを導いてくれる。

本書冒頭では福澤の「脱亜論」について述べたが、その発行から27年がたち、北東アジアの地での日本の地位を確立させた状況下での「興亜論」である。日本の言論状況を「脱亜」から「興亜」へと大きく変化させたエポックメーキングな著作である。
　確かに、こうした日本の地位の確立にはその17年間にあった日清戦争の影響が大きく、直後の日露戦争と相まって、この「大アジア主義」は好戦的な方向にも強まっている。「アジア」における日本と他の諸国との違いに注目すると、確かにその圧倒的なパワーの違いからそのような立場が成立してしまうのであるが、この天心の言葉がインド・カルカッタで書かれたということ自体、そこを略奪支配していた欧米への敵意こそがその本意であり、それがまさにこの言葉に集約されている。この言葉のすぐ直前に書かれた次のような文章もそのことをよく示している。

「われわれは、…共通の苦難という大洋のなかで溶け合おうではないか。『黄禍』の幽霊は、往々にして、西洋の罪悪感がつくりあげたものであった。東洋の静かな凝視を『白禍』にむけようではないか。私は、諸君に暴力をよびかけているのではない。私は諸君の勇気に訴えているのであり、侵略をよびかけているのではなく、その自覚をもとめているのである」

実際、こうして考えると、日本が第二次大戦で対峙した相手は英米ではあっても、同盟国には独伊があり、それもまた天心の嫌っていた「白禍」の一部であることは否定できない。あるいはもっと言うと、「第二次大戦」の一部を構成する（あるいはその本質たる）日中戦争で日本が敵国としていたのはほかならぬ「大アジア」の一部であったから日本の現実と天心の思想とのギャップは相当に大きいものであった。しかし、ともかくこの時、「日本右翼（民族主義者）」にはこうした認識がはっきりと存在していたのである。先の引用で鈴木邦男氏が述べられていたのはこのことである。

なお、こうした思想を「ヨーロッパの栄光はアジアの屈辱」との言葉に凝縮した岡倉天心を記念して、「国際アジア共同体学会」は「岡倉天心記念賞」という賞を設けている。「アジア共同体」に資する学術的貢献に毎年授賞しているもので、私もまた2023年度にその賞を受賞している。「ヨーロッパの栄光はアジアの屈辱」という言葉とともに覚えておきたい。

本当の民族主義は一水会だけ

したがって、この「反欧米」の立場、本書では「反米」の立場を主張できない日本右翼は何なのかと言いたくなるが、そうした追及をされていた鈴木邦男氏が設立された一水会は他の右翼とまったく別物である。そして、実際、鈴木邦男氏他界後の現在の一水会を率いる木村三浩氏もまたその立場を徹底されている。氏が『対米自立』とのタイトルで2018年に花伝社から出版された著書では日本の現状を「奴隷の平和」（P219）と喝破。それに安住する日本国民の現状を憂い、「独自の意志を持つ国家」として「真の独立」を主張している。

「民族主義」であれば当然のことではあるが、改めてそうでない他の「日本右翼」を思い出してしまう。ちなみに、この書物の目次も次のようになっていて、対米従属の現状を主に軍事・安全保障に焦点を当てて論じておられる。本書はその方面を論じ得ていないので併せ読まれることをお勧めしたい。

しかし、この一水会には別の魅力もあって、それは幅広い立場の論者と自由に討論する場を設けておられるということである。実際、私も一度定例会での講演に呼ばれたことがあり、そこでは中国の少数民族問題の実際について論じた（2022年3月）。民族主義グループらしく、「民族問題」の実際を知りたいとの真剣な依頼に基づいたものである。

確かに、私自身、1995年の12月に初めて中国の新疆ウイグル自治区を訪問して以降、そこに存在した深刻な民族矛盾を重要な研究テーマとして選択し、約30年間、継続して研究を行っている。だが、一水会での講演にあたって重要だったことは、本来マルクス経済学者である私にとって「民族とは何か」、「階級と民族はどう関わっているか」ということで、この講演の冒頭、その問題について私は次のように述べている。

「私はマルクス経済学者なので階級と階級の対立の方がより重要だと考えている。が、それぞれの民族内での階級間の対立を放っておいては民族としての団結もなしえない。その意味で、民族としての団結のためにも階級問題を解決したいと考えている」

こうして私に関する限り、「階級問題」と「民族問題」とは矛盾なく結びついている。今、本書が課題としている日本民族の問題について言えば、対米従属打破という「民族課題」のために階級矛盾の克服が求められるという問題である。

日本の産業がここまで痛めつけられ、ドル防衛のためにここまで金融政策をゆがめられ、さらには木村氏の著作が述べるような米軍基地への多額の予算支出や米軍犯罪などの屈辱を味わわされている。これらはすべて「日本民族」全体への明白な敵対行為であり、これを民族主義者が論ぜずにどうするのか、そのための民族団結が必要だとの問題提起である。この際は、日本民族に属する相対立する各種の利害集団、階級もまた、一致団結しなければならないとの趣旨である。

実際、日本のような深刻な現状で「民族」をまじめに考えれば考えるほど、「民族」を軸に異なる立場の人々と交流・交感する余地と必要性は増している。一水会は私を含む真に広範な立場の人々を毎月の定例会に呼んでおり、その中には田母神俊雄氏や鈴木宗男氏、伊勢崎賢治氏や前川喜平氏、さらには宮崎学氏や孫崎享氏、小林節氏という名前もある。

「民族主義」の一点に純粋であるからこそ、他の右翼団体のように政権におもねて「反米」を言わなかったりせず、またその姿勢が強固に確立されているからこそ様々に異なる立場の人々を講演に呼ぶような交流ができているのである。

『月刊日本』の反米保守

ところで、こうして「右翼」であるがゆえに「反米」を貫く一水会を紹介すれば、「保守」でありながらも「反米」を模索する『月刊日本』という雑誌も紹介しないわけにはいかない。ラジオ日本で報道部長や取締役論説室長を務めた南丘喜八郎氏が主幹となり、日米関係の見直しを提言するために創刊された雑誌で、表紙の雑誌タイトル上には毎号「独立自尊の日本をめざし、権力と闘う言論誌」と自己規定している。ちなみに「独立自尊」とは福澤諭吉の言葉である。

そんなもので、私も何年か前に同趣旨で活動する「国際アジア共同体学会」のある小さな研究会で南丘氏に会い、その後継続してこの雑誌を読み続けている。月刊誌なので上記の一水会よりも登場者はもっと多く、一水会でも登場した鈴木宗男氏や小林節以外にも植草一秀氏、青木理氏などが執筆者としてよく登場している。

また、そういう趣旨を持つ雑誌であるため、たとえば23年2月号以降は「日本の〝亡国に至る病〟」という連続特集を組んでいてその第1回では「対米従属という病根」、第

2回では「米国に占領された空・横田基地」、第3回では「絶望の食料自給率」、第4回では「国家統合を破壊する貧困・格差」……といった特集となっている。このため、進藤栄一氏や白井聡氏、佐高信氏などの「リベラル派」も登場することになるが石破茂氏も2017年以降はほぼ隔月で寄稿し続けてきた。

実際、『月刊日本』は自民党内対米自立派を中核とした「与党再編」に期待する論陣を張る「保守派」グループであることは間違いがなく、そのことは、『月刊日本』23年9月号の適菜収氏が西部邁氏こそが真の保守主義者であったと主張していることからも窺える。西部氏は西洋保守主義の思想家エドモンド・バークの流れを汲んでいるので「民族主義者」ではなく普遍的な意味での「保守主義者」としなければならない。要するに、一水会を「民族主義」の側の反米論とすれば、『月刊日本』は「保守主義」の側の反米論となる。

いずれにしても、過去には左派の専売特許であった「反米」スローガンが当然のこととは言え「民族派」が主張するようになり（一水会の設立は1972年、民族主義団体としては比較的遅い）、さらには「保守派」にも主張されていることが感慨深い。石破氏がようやく首相となれたことを含め、時代の変化を感じる。

孫崎氏が紹介する「脱米を意図した政治家たち」

こうして巷の社会運動グループや言論界には「反米」ないし「脱米」という流れが確実に育っていること（時代状況からして当然であるが）を述べたが、そういう二条の流れが戦後のかなり早い時期からあったということを主張した書物がある。上でも少し名前の出た孫崎享氏の『アメリカに潰された政治家たち』（河出書房新社、２０２１年）である。

孫崎氏はウズベキスタンやイランの大使の経験があるだけでなく、外務省の国際情報局局長をも務めたことがあり、それらの経歴で得た情報を凝縮したこの書物には「ハト派」と呼ばれていた日本政治家たちが如何に従属的であったか、逆に「タカ派」と言われていた政治家たちの方がよほど気骨があったかが詳しく述べられている。

たとえば、この話は問題の岸信介論から始まっている。岸信介は60年の安保改定においてアメリカの要求を呑み続けた「従属派」とみられているが実態はそうではなく、対米従属の吉田茂自由党に対抗して日本民主党を結党。選挙で勝った鳩山一郎（鳩山由紀夫氏の祖父）内閣時の党幹事長として既存の安保条約を廃止して別の条約に置き換えようとした、駐留米軍の縮小も真剣に模索した人物とされている。

ただし、鳩山内閣の後、石橋湛山内閣を経て岸内閣となった際にはすでに「既存安保条約の廃棄」の条件はなく、条約内容の変更だけがイシューとなっており、そこで岸信介がやったのが10年の経過後には一方的な条約解消ができるとの文言の挿入であった。当時の状況では当面はこの文言の挿入で精一杯、本丸の行政協定の改定はその後でという戦略であり、当時の池田勇人、河野一郎、三木武夫といった従属派との闘いの中で勝ち取ったとなっている。河野、三木と聞くと「ハト派」として一般には好意的に見られているが、その実、彼らこそが対米従属を深めたというのが重要である。

ただし、この孫崎氏著書の暴露はここで終わらず、田中角栄、小沢一郎や橋本龍太郎、さらには芦田均や佐藤栄作、梶山静六や竹下登などがアメリカとどう闘ったか、という話に進む。特に田中角栄についてはアメリカにとってそのどの政策が許せなかったのかという論点で、それは一般に言われる独自の石油外交ではなく、やはり対中独自外交＝中国との国交の正常化にあったと詳細な説明がなされている。

また、小沢一郎については、その第七艦隊発言、つまり第七艦隊さえあれば沖縄の在日米軍は要らないとした発言（奈良県香芝市、２００９年2月）にアメリカが警戒。石橋湛山や芦田均、佐藤栄作もやはり在日米軍問題で、梶山静六は通商問題と反米基地勢力の意見を代弁した廉《かど》で、竹下登はアメリカの求める防衛分担を拒否した廉でアメリカに潰されたとしている。一般に理解されている以上に多くの政治家も頑張ったということになる。

それらを潰した政治家、権力機構とマスコミ

しかし、それでもここで単純に政治家たちの努力を誉めるわけにいかないのは、深く縦横に張り巡らされた従属の構造をそれら個別の抵抗では十分に打破できなかったであろうこと、そしてより根源的には、それぞれが自分の所属する政党の内部にそれぞれに

反対する勢力を抱えていたということがある。

そもそも、吉田茂首相が従属路線を進めた当時の政党が自由党、その路線に同意できないグループが結成したのが鳩山一郎や岸信介の民主党であったが、後者の結党1年の後には自由民主党として合同させられ、要するに同床異夢の両翼をかかえたままの政権運営とならざるを得なかったからである。

あるいはまた、この孫崎著は沖縄の普天間基地移設問題で頑張った鳩山友紀夫・小沢一郎コンビの失脚のために政治や司法、マスコミからどれだけの圧力がかかったかを詳細にレポートしている。

民主党政権が成立しそうになると、まずは小沢つぶしの目的で東京地検が急に「西松事件」の捜査に動き、それをマスコミが報道（2009年3月以降）。ヒラリー・クリントン国務長官も圧力を開始する。そして、外務省も同調する中、マスコミが意図的な誤報を流したり、貶める報道が始められたりしている。たとえば、ここでの「誤報」とは、鳩山首相とオバマ大統領がふたりきりとなった時に鳩山首相が語った「トラスト・ミー」という言葉を辺野古移転を了解したものと意図的に曲解して『産経新聞』が流したという事件である。
実際、これらの動きを見て思うことは、「いざ」となれば対米従属を維持するための様々な権力装置（メディアを含む）がよくもここまで一斉に動くものだ、という驚きであって、孫崎氏はこうした動きは背後に控えるアメリカの動きなしには考えられないとされている。この本の冒頭には孫崎氏がある西側の情報機関の人間が孫崎氏に話した言葉を記しているが、それは次のようになっている。
「あなた方外交官は、基本的に相手国の法律を守って行動します。私たちは非合法（相手国の法律に違反する）、反モラル（賄賂、女性の提供等）的手段を使って行動することがあります」（P６）
このような内容を他のメディアから聞かされてもあまり信用することができないが、外務省情報局の元局長が自分が直接聞いた話として書かれると聞き流すことはできない。実のところ、私も十数年前のペルーの大統領選挙で現地の日本国大使館を訪問した際、大使館駐在の外交官がその選挙に介入していると正直に言ってきたことがあった。それが外交の現場であり、日本の場合はこのような形でアメリカに介入されているのである。

ちなみに、この引用の直後（P7）では孫崎氏は「非合法、反モラルの一番激しいのは殺人です」とさらにと書いている。本書「序」の下山事件を思い出してしまう。

意図した従属を帰結する冷戦構造

ただし、本書が全体として主張していることのひとつは、ここで書いたような強制的な手段による対米従属だけではなく、ある種の「自発的」な従属がこれまであったということで、経済的な意味では、ドル体制維持の方が日本にとってもベターだと思ったという話や、アメリカに代わるOSの開発リスクを負うよりWindowsやMacに安住する方がましだといった安易な選択が自主的にされていたという話である。もちろん、それらは当時の状況としてそうだったという以上のものではなく、状況の変わった現在では異なる選択が合理的であるとの主張をも導くものであるが、である。

しかし、それらの説明は今まですべて経済的な意味での「自発的」選択にすぎなかったのであって、政治的ないし安全保障上のそれではなかった。なので、ここでは重複「政治的ないし安全保障的」な次元でも「自発的」に選択される、そういった理由があるということを述べなければならない。そして、実はこの「政治的ないし安全保障的」というう2つの次元のうち、日本にとって決定的なのは「安全保障的」なものとなっているというのが次に述べたいポイントとなる。「冷戦構造」という国際関係上の構造が世界的にアメリカの支配を正当化するロジックとして機能して来たからである。

実際、アメリカに従属している諸国は日本だけではない。日本の場合は敗戦によって軍事基地が置かれることとなり、よってその「従属度合い」は特別ではあるが、たとえば今回のウクライナ戦争でヨーロッパ諸国の対米従属は深まっている。そのことを24年8月、私はヨーロッパ旅行の際にイギリス政府庁舎やドイツの古城にたなびくウクライナ国旗を見て実感した。「西側」が一糸乱れぬ団結を示し、その盟主としてアメリカが君臨する構図となっているからである。ここではもちろん、アメリカの意向に沿った経済制裁措置への同調もが「同盟国」には簡単に受け入れられることとなっている。

したがって、「安全保障」なるものが国際関係上、いかに重要であるかを知るとともに、それこそが「冷戦構造」だったことを知らなければならない。

たとえば、今、北東アジアを例にとると、朝鮮半島37度線の軍事的緊張関係は韓国がアメリカや日本を頼りとする構造（同盟関係を構築してアメリカに従属するなど）を必然化し、それは対する北朝鮮でもまったく同じであった。ソ連や中国への従属である（中ソ対立の際に「自主独立路線」を選択したのも同じ理由から）。つまり、「安全保障」が喫緊の課題となれば、世界の諸国は対立する両極のどちらかにつかざるを得なくなり、よって米ソ両超大国が世界の半分ずつを支配できたのである。このため、この時代の世界システムは「パックス・ルッソ・アメリカーナ（ロシアとアメリカの平和）」と言われていた。

ただし、この世界システムの特徴を深く理解するためには、戦前までの覇権システム（「パックス・ブリタニカ」）がこうした軍事的対立を必要としていなかったことを知ることも重要である。この時期にはアジア、アフリカなどの圧倒的な諸国がまだ純然たる植民地として存在をしており、よってこれら諸国がどの国につくか、あるいは独立するかの選択肢が存在していなかったからである。

しかし、戦後はそれら諸国が一斉に独立することとなり、その後は各国が「自発的」

に従属しなければならないシステムが必要となった。それが「冷戦構造」だったのであり、これには朝鮮戦争やベトナム戦争、印パ紛争などの形で実際の「熱戦」に発展したものも含まれる。米ソの直接対決ではない、「代理戦争」としての局地戦争である。

したがって、こうした理解からすると、局地的「熱戦」を含む軍事的緊張関係は米ソの世界支配のためのものだったのであって、これらの「熱戦」が決着してその地の緊張がなくなってはならないということでもあった。そのことはベトナム戦争の終結によって明白に示されることとなった。今や東南アジア諸国は東西に分断されることなく、一致団結できているのは、ベトナムの分断が解消され、よって東西陣営のどちらにもつく必要がなくなっているからである。ポルトガルからポーランドまでの当時のヨーロッパ諸国の分断が終わったのもドイツの統一が決定的であった。これらの意味で、「冷戦構造」はそもそも分断を好み、統一を嫌うシステムであったことがわかる。

このように考えると、確かにウクライナでの戦争もその典型例であった。「熱戦」ではあっても、アメリカは「参戦」せず、現在のロシアは「超大国」としてではなく通常の軍事大国としての参戦に止まっている。つまり、これもまた「冷戦構造」なのであって、これによる「軍事的緊張関係」は一方（つまり「西側」）の諸国の対米従属を不可避としている。それが「自発的」に導かれているということが重要である。

日韓台を従属させる東アジアの冷戦構造

ところで、こうした「自発的従属」が重要なのは、従属を意図する政治家やマスコミにとってそれが「従属」として認識されないからである。そして、実際、前回のトランプ政権の時にも、「西側同盟国の面倒はみない。勝手にせい」と言われた時、「そういわないで！」という形で縋り付こうとした西側の政治家・政治グループが数多くいた。世界各地の諸事情へのアメリカの関与がよいことであって、「勝手にせい」というのが身勝手な「アメリカ第一主義」という考え方が出てくるのは、こうしたものの見方を前提にしている。彼らにとっては「アメリカが他国を従属させている」のではなく、「私たちがアメリカの世話になっている」と映っているからである。

もっと言うと、この「自発的従属派」はアメリカの関与を続けさせるために「対米工作」をすることとなるから、そうして工作されるアメリカの「知日派」は、日本によって逆に働かされていると意識することともなる。つまり、日本においてもアメリカにおいても極く少数の政治家やマスコミがうごめいた結果としての従属と現象するのであって、この側面に注目して外交分析とロビー活動を行う「新外交イニシアチブ」というグループも存在する。猿田佐世氏の率いるグループで、その考え方は同氏の『自発的対米従属』（角川新書、２０１７年）という書物に集約されている。

ただ、こうした側面の存在をもってこれが「従属」であることを否定することにはならない。なぜなら、上述のようにこのように人々を思わせる――特に従属諸国国家内部で「従属」を自国の利益であると考えさせる「冷戦構造」自体、意図的に形成されてきたものであるからであって、それはいくつもの事例から証明することができる。たとえば、イギリスが英領インドをなぜあのように分割して独立させたのか、中東のイスラエルをなぜあのような形で成立させたのか（イギリスもまた戦後のアメリカ支配体制を歓迎した）、そして朝鮮やドイツ、ベトナムをなぜあのように分裂国家としたのか、などである。これらがなければそれぞれの地域が「東西」に分断されることはなかった。

それがあって初めて米ソがともに各地域の半分ずつを支配できたからである。

したがって、再び我々の地、北東アジアに目を向ければ、朝鮮半島での軍事的緊張関係が韓国と日本を永らく「西側」にロックオンさせてきたことを知るとともに、近年では「台湾有事」が喧伝されることで、台湾と日本をロックオンしてきていることがわかる。台湾の総統選で3度続けて民進党が勝利していること、韓国でも尹大統領が当選しているのはこの地での軍事的緊張関係の高まりを反映しているのである。ウクライナでの戦争が北東アジアでも安保問題への関心を高めたことも大きい。ウクライナ戦争はユーラシア大陸の両端での軍事的緊張関係を高め、つまりはここでの「冷戦構造」を再現させることとなったのである。

しかし、このことを逆に言うと、軍事的緊張が緩和をした時期には「対米従属」も緩和されることができ、実際、韓国の大統領選で金大中や盧武鉉が当選したのは比較的南北融和が進んだ時期、文在寅が当選したのもトランプの当選で緊張緩和への動きが出て以降であった。台湾の場合も、良好な米中関係の存在が馬英九を当選させている。「安全保障」が最重要な課題となるような状況――軍事的緊張関係がなければアメリカが従属させ続けられないことを示している。

したがって、問題は再びトランプ第2期政権の北東アジア政策に戻る。第1期の時のようにふたたび南北朝鮮関係の緊張緩和が進むのかどうかがひとつ。そして、もうひとつは台湾問題で「対中交渉」に熱心な経済重視のトランプが台湾をただ交渉の「カード」としてのみ使うのではないか、という問題である。

実際、第1期トランプ政権時に国家安全保障問題担当補佐官であったボルトンは2020年に出した本の中でトランプは習近平と取引をしていたと証言しており、こうした予想は相当に現実味を持っている。今回の選挙戦の最中にも「日本も台湾も自助努力で」というような主張をしており、これはアメリカのプレゼンスを弱める代わりに日本や台湾への強力な軍拡圧力を行うものだと受け止められる。頼清徳政権は大統領選前に一度来年度の防衛費を7・7％増やそうとしたが（国民党に拒否されたが）、これはトランプ政権の成立を見越したものであったと理解される。日本に対しても、一度対米公約したGDP比2％の確実な実行を再度強硬に迫ってくるだろう。

トランプにとっては日本政府の財政事情や経済状況は知ったことではない。ただ、単純に「アメリカ・ファースト」である。我々日本人がここで何を言うか、どう反応するかが問われている。

第7章　ボタンをかけ違った東京裁判

「私の有罪の決め手となったのは平時他国の領土に軍隊を置くということは犯罪的だという。どうです、いったいアメリカはその当時から今日に至るまで世界各国の防共のために軍隊を置き軍事基地を設けているじゃありませんか。東京裁判の正体っていうのはこんなものなんですよ」

（東京裁判で終身刑判決を受けた佐藤賢了元陸軍省軍務局長の後の証言）

アメリカ都合で問われなかった犯罪

アメリカ人でありながらアメリカに非常に批判的な評論家で企業家でもある人物にビル・トッテンという方がおられ、そもそも戦後処理の東京裁判（極東軍事裁判）自体がインチキだったと主張されている。

この氏はアメリカ人でありながらアメリカに批判的な発言をしているということで、渡米の際に空港や渡米各地で相当な嫌がらせを受け、こんな目に遭うのならと国籍を日本に切り替えられた経験を持つ方である。『日本は略奪国家アメリカを棄てよ』とのタイトルを持つ本を書かれ、その冒頭近くで書かれているのがこの東京裁判論である。戦勝国が勝手に裁判を起こし、自分たちの思うままに敗戦国を裁いたにすぎないとの主張である。

実際、その書に書かれているとおり、東京大空襲など国際法に明らかに違反しているアメリカの行為だけは東京裁判で裁かれずに終わっている。東京大空襲だけでなく広島・長崎の原爆投下にも関わったとされるカーチス・ルメイという米軍司令官は「日本の民家もすべてが軍需工場」との論理でこれらの行為を正当化しているが、もちろんこんな論理は通用しない。少なくとも裁判で白黒をつける手続きくらいは必要であろう。ところが、何とこのルメイ氏に日本は勲一等旭日大綬章という勲章を与えている。伊藤博文、木戸孝允、大久保利通や松下幸之助、井深大、本田宗一郎などと並ぶ勲章である。この不条理にトッテン氏が怒るのは当然である。従属に慣らされた日本人でないが故の正常な感覚を我々もここで回復しておきたい。

したがって、現在の日米関係を反省するには東京裁判の再検討はどうしても不可欠であり、そのひとつの焦点はアメリカの都合で問われなかった犯罪の問題となる。そして、実際、原爆被害の補償がアメリカに対してではなく日本政府に対して行われているのも、世界で最初の組織的な無差別爆撃であった重慶大爆撃（や従軍慰安婦）の対日補償請求などが後になってなされなければならなかったのもこの東京裁判に関わっている。東京裁判では南京や広東、漢口や長沙などの地上戦における虐殺行為が犯罪として明示的に裁かれているが、無差別爆撃だけは意図的に外されているからである。

だが、ここでのポイントはこの無差別爆撃の除外がアメリカの都合で恣意的になされたということである。日本軍による重慶爆撃をこの裁判の対象とするとアメリカの原爆投下や東京大空襲なども戦争犯罪として裁かれなければならなくなるからである。

実を言うと、天皇の政治責任が問われなかったというのもこの「アメリカの都合」に関わっている。私自身は天皇に実質的な決定権能が存在していなかったという立場をとっているが、それが存在したのかしなかったのかという問題ではなく、天皇制を維持することなくその後の対日支配ができないという「アメリカの都合」が優先された裁判となってしまったからである。

よく知られているように、東條英機が裁判当初に意図せずに天皇の政治責任を認める証言をし、世間を震撼させたということがあった。「日本国の臣民が陛下のご意志に反してかれこれするということはあり得ぬことであります。いわんや日本の高官においてをや」という発言である。

もちろん、こういう建前で日本の政治が運営されていたから、平時においてこういう発言がされることに誰も驚かない。が、東京裁判でこのように言うと、開戦は「陛下のご意志」となるから、当然に最高責任者は天皇ということになる。ナチスドイツのヒトラーやイタリア・ファシスト政権のムッソリーニと同じ責任を問われることとなるのである。

しかし、この発言を聞いたジョセフ・キーナン首席検察官は慌て、周到な裏工作で後に東條はまったく逆の発言をさせられる（保阪正康『東京裁判の教訓』朝日新書、2008年、P188）。そして、これが歴史の検証でなされたのではなく、まったく「アメリカの都合」によってなされたというのが重要である。天皇を裁いてしまったら、その後の対日支配をスムーズに進めることができない、という「都合」だけがアメリカにとっては重要で、裁判はその「都合」にあわせて進められたのである。

そのため国内反戦派は厳罰を求める側に

さらにもうひとつ、重大な犯罪でありながら裁かれなかったものに戦時中に「関東軍防疫給水部」と名付けられていた731部隊による、細菌戦研究とそこでの人体実験というものがあった。ハルビンにあったこの部隊は細菌兵器の効果や馬の血を人に輸血して生きられるかどうかを中国人捕虜で人体実験するというような恐ろしい秘密部隊で、1980年代に森村誠一が『悪魔の飽食』というシリーズ本で告発している。だが、アメリカは裁判以前から中国でこの証拠を集めており、当然のごとくその責任者であった石井四郎部隊長は一旦東京裁判の「A級戦犯容疑者」にまでなっている。

ただ、この巨悪もアメリカ政府が「アメリカの都合」で訴追せず隠蔽されてしまっている。裁判前からこれに関する情報を収集していた東京裁判のアメリカ検察チームは集めていた証拠の裁判への提出を本国政府からストップされたからであるが、この背後に容疑者の石井四郎が当該部隊の詳細な研究資料をアメリカにのみ提供することを約束したということがあった。東京裁判が公平なものではまったくなく、まさしく「アメリカの都合」で運営されていたことを示しているが、この問題を調査した粟屋憲太郎とNHK取材班はこの研究成果を利用してアメリカは化学兵器を使用したとしている（粟屋・NHK取材班『東京裁判への道』NHK出版、1994年）。これを戸谷由麻著『東京裁判』（みすず書房、2008年）はベトナム戦争で使用した枯葉剤などであろうとしているが、もしそうならアメリカは自分が行う侵略戦争のために日本の重大犯罪を免責したということになる。「侵略戦争を断罪する」という名目で自分が開いた裁判の過程で得た特殊な利益を使って自分自身が侵略戦争をしたのである。

したがって、この存在を知っていた当時のソ連も東京裁判でこの部隊の取り調べと処罰を要求し、当然に日本国内の反戦勢力も同じ立場に立つこととなる。これは従軍慰安婦問題や各種の強制労働への補償問題も同じで、この文脈では「日本軍国主義を厳罰しないアメリカ」と徹底した調査・厳罰を求めるソ連や日本の反戦勢力という対抗が出来上がってしまう。そして、私の考えるところ、このような対抗関係が作られてしまったがために（一水会を除く）日本の民族主義勢力が「反米」とならなくなってしまった。

こうした「ボタンの掛け違い」によって戦後日本の対米従属構造が作られてしまったのである。

日米両国支配層の従属的結託へ

実際、日本の民族主義勢力が東京裁判を一方的なものと非難するのは当然のことである。だが、そうであるがゆえに、というかここでの文脈で言うとその「アメリカの都合」が裁判にひどいバイアスをかけたために、裁判の本来の趣旨を逸脱し、よって彼らを「親米的」にすることができてしまっている。そして、そのため逆にソ連や日本の反戦勢力が日本右翼と対立することとなってしまった。また、従軍慰安婦問題や各種の強制労働、石井四郎の人体実験などの巨悪についてもまったく同じで、それらを追及する側が「反米左翼」に、それらの一方的追及を不公平だと非難する側が「親米右翼」となってしまったのである。

　これは天皇の不起訴をアメリカが政治的に選択したということについても言える。考えてもみれば、天皇不起訴の選択などはまさしく「外国勢力による天皇の政治利用」であって民族主義的には最もあってはならないことである。これに比べ、天皇自身と宮内庁周辺が退位を検討したなどということの方がずっとすっきりする。私は天皇が少なくとも形式的に「国家元首」であった以上、その程度の責任の取り方はすべきだったと思うが、本当の権力はもっと別の所にあったのだから天皇を戦犯にする必要はなかったと考えている。

というより、ここで退位もさせず、在位のままにアメリカが利用しようとしたこと、もっと言うと、それによって〝本来の支配層〟と結託したということの方が重大である。東條以下7名は死刑の憂き目に遭ったが、この結果、彼らをとりまく「システム」としての日本の支配構造自体は、そのままアメリカと結合してしまうこととなったからである。

したがって、こうした経過を全体として見れば、この東京裁判というもの、それまで対立していたアメリカと日本の支配層が結託することとなった世界システム上の変化の現れでしかなかったということとなる。日本の支配層もそのごくごく一部分は処罰されたものの、石井四郎のように真っ先に従属を選んだ者は免責され、その後も日本の支配に与することとなった。

前章で対米従属派と紹介した吉田茂は当時外相として1946年10月のマッカーサー宛ての手紙で戦争責任があるのは軍人、官僚、右翼、一部財界の「一味徒党」だけだと書いているが、この発言も裏を返せば、一部の「一味徒党」以外は温存され、アメリカの手下となったことを意味する。

つまり、こうして、日本の戦後体制への転換とは支配層の殆どが下野させられず、対米従属という新たなシステムとして残されたにすぎなかったということとなる。対米従属への転換はもちろん巨大で決定的なものではあったが、誰が権力者であるかという点ではそう変わらなかったということである。

もちろん、「日本の支配層」のすべてがすべて石井四郎（や吉田茂！）ほどに身を落としたわけではなかったにしても、こうして対米従属関係が構造にまでなってくると「アメリカのスパイ」と言わざるを得ないような人物も大量に排出されることとなる。本書冒頭では、下山事件で国鉄総裁を殺したのはアメリカであると述べたが、前章で参照した孫崎享氏は下山事件で暗躍したアメリカのスパイが話題となった際、そうしたスパイたちを大量に「製造」したものこそ東京裁判であると述べている。木村三浩著『対米自立』（花伝社、2018年）に収録された木村氏との対談の中で、である。

戦犯容疑者となるかならないか、戦犯容疑者となっても起訴されるかされないか、戦犯となっても死刑となるかならないか、これらすべての判断権限はアメリカ＝GHQの手中にあった。この状況の下ではアメリカは容易にスパイを作りだすことができた。それが東京裁判だったのである。

ソ連の側にもあった裁判利用の意図と行動

もちろん、このようにアメリカが裁判を利用しようとしたのと同様、当時のソ連もこの裁判を目いっぱい利用して日ソ平和条約の一方的破棄やシベリア抑留を正当化しようとしている。具体的には、日露戦争やシベリア出兵を起点として日本は一貫して対ソ侵略の計画を持っており、張鼓峰事件やノモンハン事件もその一環であった、したがってこの裁判で裁かれている1928年から1945年までの期間もその侵略計画が続けられていたとの主張による正当化である。

つまり、この状況下では日ソ平和条約の一方的破棄もやむを得ない、日本にこそ責任があるとの主張であって、この無理な論理を押し通すためにシベリア抑留中の者から証言者6人を捜し出し、特別な待遇を与えつつ周到な証言の準備をさせている。後に伊藤忠商事会長となる元陸軍中佐瀬島龍三はそのうちのひとりであった（日暮吉延『東京裁

判』講談社現代新書、2008年、P136）。

ちなみに、ある証言予定者は証言を恥じて事前に服毒自殺までやっている。いかに無理な証言が準備されていたかがわかる。

したがって、何もアメリカだけが特殊に裁判を利用しようとしていたわけではない。「連合国」の各国検事は誰もがそれぞれの国益を背負って行動したにすぎない。このことを知るための重要なエピソードのひとつである。

アメリカもまた戦争を意図していた

このように考えれば考えるほど、「連合国」が純然たる「正義の味方」であったわけでは決してなく、ある種「どっちもどっち」的なところがあったと認めざるを得なくなる。そして、実際、少なくとも太平洋戦争についてはアメリカこそが日本を戦争に追いやったのだとの立場からの日本弁護論が東郷茂徳らのアメリカ人弁護人ブレークニーによってなされている。パール・ハーバーに至る外交交渉の経過でアメリカは日本が戦争以外の手段を持てなくなるような対応をしたとの主張である。

実際、日米開戦直前の日米交渉においてアメリカの国務長官コーデル・ハルが日本につきつけた条件には日本軍の中国からの全面撤兵だけでなく、上海にあった汪兆銘政権の否認、さらには仏領インドシナからの撤兵、日独伊三国同盟の破棄なども含まれており、これはアメリカ側からの最後通牒とも言えるものであった（いわゆる「ハル・ノート」）。

また、ハル国務長官自身、それら条件をつきつけた翌日に陸軍長官に向かって「事態はもはや陸海軍の手に移った」と述べたことも記録に残されている。これらをもってブレークニーは「戦争を仕掛けたのはアメリカ側」としているのである。

確かに、アメリカ側にもこの主張への反論の余地はあり、そのひとつには日本がこのアメリカ側要求を受け取る前から事実上の開戦決定を御前会議でしているということがある。だが、そうはいっても、このような要求によって日本が開戦せざるを得なくなると想定していたことも事実であって、ここまで行くと両者が戦争に突き進む過程でおきたある種不可避のイベントにすぎないということになる。つまり、日米両国はその一方ではなく双方がともに戦争を意図していたのである。

ところで、こうした「アメリカの意図」をアメリカ人弁護人が暴露したことは素晴らしいことで、弁護士たるもの与えられた職務を全力で追求するのが仕事との「職業意識」が彼らをしてそうさせたのだと保阪前掲書は述べるが（Ｐ１３３）、無益な戦争に我々も巻き込まれたとのアメリカ国民としての怒りもあったのではないかと私には思われる。そして、実際、１９２９～33年に大統領をしたハーバート・フーバーもまた２０１１年まで公刊されなかった回顧録で当時のアメリカ政府に対するこの点での不信を以下のようにかなり強い言葉で表明している。

「国民も議会も我が国の参戦に強く反対であった。したがって、大勢をひっくりかえして参戦を可能にするのは、ドイツあるいは日本による我が国に対する明白な反米行為だけであった。ワシントンの政権上層部にも同じように考える者がいた。彼らは事態をその方向に進めようとした。つまり、我が国を攻撃させるように仕向けることを狙ったのである」（『裏切られた自由』邦訳下巻、Ｐ４５０）

「真珠湾事件は、目に見える最初の日本との戦いだった。しかし（ルーズベルト）政権が仕掛けていた秘密の戦争という視点からすれば、その（日本に対する秘密の戦争の最後の戦いであったといえる）秘密の戦争は、我が国の指導者が敵と決めた国との戦いである。どの国が敵かは、宣戦布告によって公式に敵国となるずっと前から決められていた。…我が国の（日本に対する経済制裁などの）外交は、実際には戦争行為と変わらないものであっても、我が国が戦争をしないための方策だと言い換えられた。戦争するためには憲法の制約があるが、その制約も上手に回避した。日本に対する宣戦布告は議会が行ったが、この時点では戦争になっている状況を追認するだけの意味しかなくなっていた」（『裏切られた自由』邦訳下巻、P528〜529）

この書のサブタイトルは「フーバー大統領が語る第二次世界大戦の隠された歴史とその後遺症」と訳されているが、これは2011年に刊行された英書のサブタイトルの直訳である。

トランプもウクライナ戦争について「俺ならあんな戦争は起こさせなかった」と言っ

てバイデンを批判していたが、フーバーも「俺ならあんな戦争を起こさせなかった」と言っていることになる。

マルクス主義ならアメリカに裁判させない

実のところ、こうしたフーバーやトランプの批判のあり方をつきつめて見ると非常に面白いところに到達する。というのは、彼らは戦争に巻き込まれた国民と巻き込んだ政治指導者という図式でものを言っていることになるからで、これは「国と国」との関係以上に「支配者と被支配者」という構図で戦争を論じるマルクス主義の考え方に通ずる。そして、もしそうだとすると、これは第一次大戦の本質を「帝国主義間戦争」と喝破したかのレーニンの議論に通じることとなる。

確かに、ほぼ純然たる「帝国主義間戦争」であった第一次世界大戦とは異なり、第二次世界大戦には①植民地諸国の帝国主義に反対する独立戦争という側面や、②ファシズムと反ファシズムとの間の闘いという独自の側面もある。中国の抗日戦やチャンドラ・

ボースのインド独立運動、スカルノやハッタらのインドネシア独立運動、ホーチミンらの仏領インドシナ独立運動などは①の側面を表している。たとえば、東京裁判で争われた数多くの「犯罪」の中には「仏領インドシナ進駐という侵略」という項目があるが、支配されていた人々にとって「日本は侵略したが、フランスはそうではなかった」という感覚は皆無であっただろう。ここにも東京裁判がいかに一方的な裁判でしかなかったかが示されている。

ちなみに、長大な意見書を書いて一方的な判決を批判したパール判事がイギリスに占領されたインドの法律家だったのも偶然ではない。

しかし、だからこそ、①②の側面に止まらず、やはりレーニンの第一次大戦論と同じく、第二次大戦の少なくとも3分の1の特質は「③帝国主義間戦争」と整理されるべきものだったのであって、マルクス主義者はこの側面を重視してきた。言い換えると、東京裁判が太平洋戦争を「アメリカに対する侵略」と表現したようなことをマルクス主義者は決して行わない。この部分は純然たる「帝国主義間戦争」がその本質だったのであって、攻撃に宣戦布告が先立たなかったとかというよう問題はその本質にとってどうでも良いこととして扱われるのである。

したがって、一方の帝国主義（日本）が他方の帝国主義（アメリカ）に裁かれるということ自体、そもそも最初から「勝者の裁判」でしかなかったことを示している。日本は確かに裁かれてしかるべきではあったが、裁く主体はアメリカやイギリス、フランスやオランダ（やソ連）ではなく、①の側面を体現するアジア諸国民でなければならなかったのである。

裁く相手は個人か国か

この問題は裁判の裁く対象が個人だったのか国家だったのかという問題とも関わる。ニュルンベルクで行われたドイツの裁判と異なり、日本の政治システムにはナチス党というような特定の政治グループが存在しなかったから（大政翼賛会は「政党」だとここでは見なさない）、実際上も誰を裁き誰を裁かないか検事グループも大いに悩んだが、たとえば起訴された28名が「共同謀議」で戦争をたくらんだというようなことは現実には全くなかった。繰り返すが、これがナチスとの決定的な違いである。

しかし、そうかといって、このことが大陸での戦争や対米戦を日本が決断しなかったことを示すわけではない。言い換えると、日本の場合、よくあるある種の「集団無責任」で戦争に行きついたのであって、ここではある特定の個人に責任を押し付けるやり方がそもそも不適切だったことがわかる。

そして、そのため、弁護側サイドからした時、①国家責任の追及に対して国家弁護をするというタイプの弁護人と、②個人責任の追及に対して個人弁護をするというタイプの弁護人が併存し、弁護論の組み立てとしてはまったく異なる対応を裁判で示すこととなっている。
①は日本の国策決定の内容自体の非がなかったのだということを主張し、②はその国策策定に関与したが個人として賛成したのではない、本当は反対だったというような言い訳をするという態度である。この両者矛盾する主張が日本弁護団全体でなされる様を「滑稽」なものだったと保阪著134ページは述べているが、私に言わせると、「戦争」という歴史の一大イベントを個人の問題として論じること自体に問題があったと思うの

である。

私はマルクス経済学者であるので本当に思うが、先に見たようにレーニンであれば、この戦争を「帝国主義間戦争の不可避性」という文脈で論ずることとなる。つまり、「不可避」であったので、そこでの個人の追及とはいかなるものか、と考えてしまうのである。言い換えると、資本主義、帝国主義というもっと大きな運動法則の帰結であるものを個人の偶然の選択の結果として説明しようとする、そういう謬論だと考えるのである。

確かに、この戦争をしっかり反省しなければならないと考える平和愛好家にとっては、この戦争を「不可避」のものとして論じることに抵抗感がある。そして、もちろん何がしか個々の政治家に責任があること自体も事実である。だが、こうして「個人」しか見ないこと、さらにはその罪の軽重のみに関心を向けることはもっと大きな歴史の流れ＝帝国主義という世界システムとして議論すべきことを忘れさせてしまう。これもまた「裁判」という形式をとって戦後処理をしようとしたこと、それも戦勝国の一方的なものとして行われたことの罪である。

ただし、こうした私の考え方は戦犯の個人責任を軽視するものとして平和愛好家には評判が悪く、逆に「自衛戦争論」を説いた東條らの議論に近いという問題もある。先に示した「開戦に向かわせたアメリカの責任」論や、「アメリカ都合による裁判の運営」、「対米協力者製造のための裁判利用」といった側面――要するに、裁判を主導したアメリカの帝国主義的意図の方を重視するものだからである。

しかし、それでも、というかそれだからこそ考えてみられたいのは、戦争に向かうシステム自体を解明しないとその再現を阻止できないということである。そして、実際、第一次大戦の開始後、レーニンが全力で解明しようとしたのは、誰が第一次大戦の「戦犯」であるかではなく、最終段階に入った資本主義の運動法則としてこの戦争が起こされたということであった。運動法則であれば必ず再現される。そうでなければ「戦犯」を見つけて処罰するだけでも良いが、運動法則として起こされていたからである。

考えてもみれば、第二次大戦の後も、「大戦」とは言えないまでも戦争は続々と繰り返され、資本主義諸国間の不均等発展はまずは日米間で、そして米中間で生じ、その際の摩擦・紛争は「戦争」と言っても良いほどのものであった（実際「貿易戦争」である）。米ソ間の「冷戦」もその本質は同じであり、かつまた前章末で見たヨーロッパと北東アジアにおける「新冷戦」もその再版である。

これを見ただけでも、犯人捜しではなく、システム／運動法則としての戦争論こそが必要だったと考えるのである。

第8章　最後は「従属のメリット」をどう考えるか

「アジアでも、アフリカでも、アラブでも、有色人種は互いに反発し憎悪し合うように仕向けられ、決して団結できない！　アジアが団結し、アフリカが団結し、アラブが団結したら、一番困るのは欧米だろう。そうならないように巧妙に仕掛けられているということも、そろそろ見抜いたほうがいいと思うのだが……

日本の親米ポチは異常に「反中」「反朝鮮」だが、アメリカに対しては異常に擦り寄って、わしがアメリカを批判すると狂ったように「反・小林よしのり」で、中傷してくる。論理で対抗せず、中傷で来るその見苦しさは、『戦争論』初巻を出した時の左翼陣営と、まったく同じである。

わしの立場は、「マナーとしての反米」である。アメリカに殺傷された祖父母たちのことを考えれば、たった60年で「親米」なんて言葉は、絶対言えない。

中国や朝鮮に対しては激しく批判するのに、アメリカに対しては無条件に支持をする親米保守の態度……それは単なる弱い者いじめであり、常に強い者にくっつく「事大主義」である。ポチ以外の何ものでもない！」（小林よしのり『新ゴーマニズム宣言SPECIAL・戦争論3』幻冬舎、2003年、P193）

「戦争の肯定」から「反米」に転じた小林よしのり

ところで、こうして東京裁判を論じてくると、それをめぐる日本国内での論調に最も強い影響を与えた人物として小林よしのりを挙げないわけにはいかない。彼の手法は漫画読者層の感情に訴えるというものなので先の第6章では扱わなかったが、出した出版物の販売冊数は別格で、東京裁判論はその重要な部分を占める。最も売れた『戦争論』3部作での言及に止まらず、2006年には『いわゆるA級戦犯 - ゴー宣SPECIAL』（幻冬舎）を、2008年には『ゴーマニズム宣言SPECIAL「パール真論」』（小学館）を出し、中島岳志や西部邁らとのはでな論争もしている。

ただし、彼の主な手法は漫画であり、ひとつひとつ証拠を添えて議論するような厳密さを欠いているため（だからこそ読まれるのではないかと思われるが）、個別の論点について論評するより、ここでは彼の議論が社会に大きく受け入れられているという状況について論じることの方がふさわしいだろう。特にこの評価に関わる南京大虐殺や強制連行、従軍慰安婦などの問題については日本には相当数の専門的研究者が揃っており、たとえば大日方純夫らの出した『君たちは戦争で死ねるか—小林よしのり『戦争論』批判』（大月書店、1999年）や高嶋伸欣『ウソとホントの戦争論—ゴーマニズムをのりこえる』（学習の友社、1999年）などの批判の多くは当たっていると私には思われるからである。

しかし、この小林よしのりが重要なのは、問題の彼の『戦争論』3部作が、当初の「戦争肯定論」から「反米」へと大きく「転換」していることである。彼自身が述懐するように、当初の立ち位置が「中道と左翼の境目」だったのが、従軍慰安婦問題などで「戦争肯定論」に至っていた時期の『戦争論』はその最初の『新ゴーマニズム宣言SPECIAL・戦争論』（幻冬舎、1998年）である。が、変化のきっかけはアメリカの同時多発テロとイラク戦争で、「戦争論」の第2作＝『新ゴーマニズム宣言SPECIAL・戦争論2』（幻冬舎、2001年）では「グローバリズムという名目で自国の市場経済と民主主義こそが世界に普遍となるべきであると押し付け、本心は完全な自国中心主義大国のエゴ丸出しのアメリカ」（P19）を批判、第3作＝『新ゴーマニズム宣言SPECIAL・戦争論3』（幻冬舎、2003年）では本章冒頭に掲げたような文章を書いている。この部分、正直に言って本書の立場と完全に一致する。

それからもうひとつ、この第3作第2章で当時の小泉純一郎首相のイラク戦争肯定論を批判している論理にも大いに共感するものがある。イラク戦争が始まった時、小泉純一郎は間髪を入れず「アメリカは日本の同盟国なので支持する」と述べたが、戦争なるものに義があるかないかを論ぜずに支持するとは何事ぞと私も驚き、私が慶應義塾で使っていたマルクス経済学の教科書にもそのことは書き込んでいる。

この戦争が始まった時、私はアメリカ留学中で、このニュースをニューヨークで聞いたというのも印象に残った理由ではあるが、小林よしのりもこの無思想性が許せなかったのである。「戦争における道義」を強調する彼の議論と関わっている。

「道義の有無」に注目する「戦争論」の意味

たしかに、殆どの戦争には「道義」が語られ、それによって真の腹黒さが隠蔽されているところがある。そして、そのため、反戦の思想は多くの場合、「道義」という美しい言葉の裏に潜む腹黒い真の狙い＝誰かの特殊利益を暴くことに注力してきた。たとえば、アメリカが「自由と民主主義」の美名のもとにイラク戦争で石油企業の利益を守ろうとしたのだ！ というようなスタイルでの主張である。上述のとおり、私はちょうど、この戦争が起こされるか起こされないかという状況下でアメリカにいたから、ワシントンで開催された20万人集会やニューヨークで開催された50万人集会にも参加したが、そこでデモ隊が叫んでいた言葉も「No War for Oil」であった。反戦運動というもの、一般的にはこのような形式をとる。

ただし、こうして反戦の側が「道義」というもの自体を否定するだけに終わると、時には現実に存在する「正義の戦争」というものも否定することになってしまって正しくない。たとえば、ベトナム戦争でのベトナム人の抵抗にはれっきとした「道義」というものがあり、パレスチナにおけるパレスチナ人の抵抗にもれっきとした「道義」がある。これらに加え、小林よしのりはアメリカに蹂躙されたイスラム教徒による同時多発テロにも「道義」があるとした。「反戦」にはこうした「正義の戦争」と「不正義の戦争」を区別する論理が弱く、すべてを区別せずに否定してしまう弱点がある。言い換えると、そこを小林よしのりが衝いてきたのだと思うのである。

したがって、「戦争」一般を否定するのではなく、かの戦争が正義の戦争だったのかどうか、それについてもっと議論を交わす必要があると考え、小林は「反戦論」ではなく「戦争論」を論じた。私の場合は、この戦争の第三の側面＝「帝国主義間戦争」としての側面を忘れてはならない、という形での「戦争論」であったのであるが……。

もちろん、私は本書187ページで論じたように、この戦争には、①帝国主義に対する被抑圧諸民族の独立闘争という側面と②ファシズムと反ファシズムの闘いという側面もあったと考えるので、その点が小林と大きく異なっている。だが、ともあれ、東京裁判で争われたかの戦争についても、「あなた方は本当に大東亜の共栄を本当に目指したのか」、「目指していたならこういうことはしなかったのではないか」といったやり方で戦犯たちを裁くこともできたように思う。「戦争の真の目的を暴露」せんとする「反戦派」のアプローチに対する「戦争の道義は本当に守られたか」を問うという「右翼」のアプローチとも言える。

したがって、小林の論理への違和感はいくらでもあるが、それと同時に正直、私には共鳴するところも多く存在した。

上述の点以外にも、たとえば、西洋文明との比較で日本を社会主義に近いとする社会主義理解、アメリカの言う「自由と民主主義」への不信、アメリカが世界支配のためにアジアの団結を阻害してきたとの現状理解などである。そして、もしそうなら、「アメリカ的な自由と民主主義」そして「私欲」を否定し、「社会主義」を標榜する東洋の国中国との「戦略的同盟」こそを真剣に検討すべきだと思うのであるが、である。

実際、強烈にアメリカに不信をいだく私としては、どうしてここまで日本で「反中」、「反朝鮮」のキャンペーンが拡がるのかについても「アメリカ要因」を考えざるを得なくなっている。日本において中国や北朝鮮が非難される主要な理由はそこに「自由と民主主義」がないから……という理屈となっているからである。

南京大虐殺について、強制連行について、従軍慰安婦について、事実が小林よしのり氏の言うとおりであれば私も当然小林氏に同意する。が、日本の全体的な「反中」、「反朝鮮」の論調はそこに発しているのではなく、アメリカ的な「自由と民主主義」という論点からの非難となっている。つまり、日本の「反中」、「反朝鮮」キャンペーンはアメリカ起源である。そこからの脱却こそが今もっとも求められている、というのが私の意見である。

「道義の覚醒」に先立つ条件

したがって、こうして私は「道義の有無」で戦争を論じようとする「右翼的」立場に大いに賛同するものではあるが、他方で現実の社会が何を基準に動いているかを考える時、その最終的なところで「経済」の論理が貫いていることを経済学者として客観的に論じないわけにもいかない。

小林氏ははげしく非難されているが、多くの日本人は「道義」や「公」を忘れ、日々の生活ができさえすればそれでOKという安易な道に流れている。その日本がアメリカに追随してどれだけ中東の人々に災難を加えたかを考えようともせず、そしてさらに自分たちがどれだけアメリカに蹂躙されているかにも思いを馳せずに暮らしている。

しかし、マルクス経済学者としての私に言わせると、そうなってしまうのには、日本

図8-1　人口停滞・現象で終わった人類史の各段階

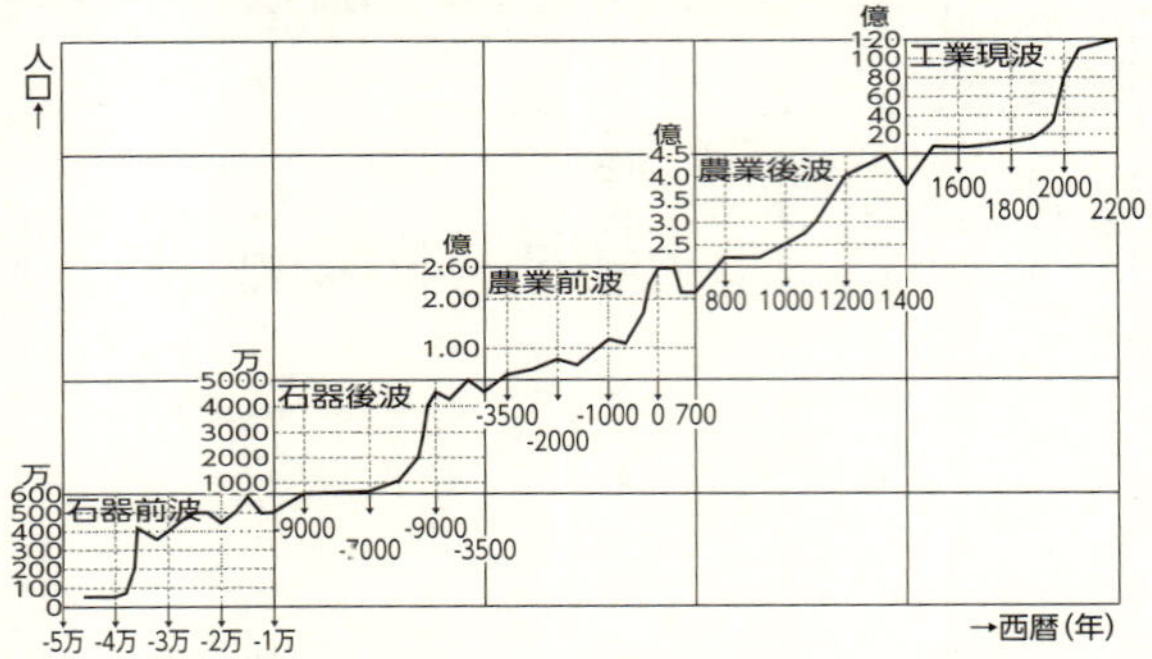

出所：吉田隆彦『人口波動で未来を読む：100年後日本の人口が半分になる』（日本経済新聞社、1996年）
注：大西広『「人口ゼロ」の資本論』（講談社＋α新書、2023年）P82から転載

の実質賃金が1997年をピークに20%近くも切り下げられ、現在も物価高でどうにもならない状態におかれているからである。そして、そのため、ここでそうした国民のみに責任を押し付けるわけに行かないと私は考えるが、大体、世の中を諸国民が変革・転覆してきたのはいつもそういう時期だったのではないかと思うのである。

たとえば、私はここしばらく「人口問題」で論陣を張っているので図8-1のような歴史の変遷に注目するのであるが、この図で示されているのは、それぞれの社会システムが、その有効な歴史段階を過ぎてしまうと、何としてもそれからの脱却をしなければならなくなる、そういう段階に達し、そしてその課題を人類はいつも成し遂げてきたということである。そのことがここでは「人口」というレベルで示されているのである。

この論理は「経済」の論理

実際、こうして経済がうまく行っているかどうかで社会の維持／転覆が決まってきたというのは事実である。かのソビエト連邦が崩壊したのもまさしく経済が失敗したからであって、逆に言うと基本、その経済をうまくまわせられている中国が崩壊するとはとても思えない。今のアメリカ政治が相当にごたごたしているのも、ラスト・ベルトなどの経済の疲弊が根底にある。なので、私たちがこの「対米従属」問題で知らなければならないのは、このアメリカ追随が「経済」の次元でうまく行った時代と行かなくなった時代があるということである。言うまでもなく、戦後の高成長期が前者、バブル崩壊後の現在が後者である。本書が一貫して述べている主張点である。

このことを再確認するために第3章冒頭でも引用した吉川元忠氏の『マネー敗戦』(文春新書、1998年)の論理を振り返ると、本書で何度も述べていることであるが、輸出主導経済で高度成長することのできた日本にとって対米従属は合理的なものであった。戦後のアメリカは少なくとも西側世界で巨大なマーケットとして存在し、輸出主導経済をするには安定した対米関係がどうしても必要だったからで、これは中国の改革開放政策の成功が対米関係の改善を前提としていたことと同じである。

確かに、このアメリカ経済も1970年代以降に陰りを見せるが、それで巨額の貿易黒字を得たのが日本であったために、それによるアメリカの資金不足は日本によって補填された。アメリカ国債の大量購入と対米民間投資である。このような「日米蜜月時代」が長く続いていたのである。

しかし、これはまだ日本産業がアメリカのそれを凌駕しない時代のことであって、1980年代の半導体産業の状況などを見て、アメリカは日本産業、日本経済への敵対的な態度を強めるに至っている。もっと言うと、本書第3、4章で見たように、為替レート変動を使った別種の敵対的対応もあり、そうした経験を積むたびに日本のアメリカへ

図8-2　若年層で増えているアメリカに親しみを感じない層の増大

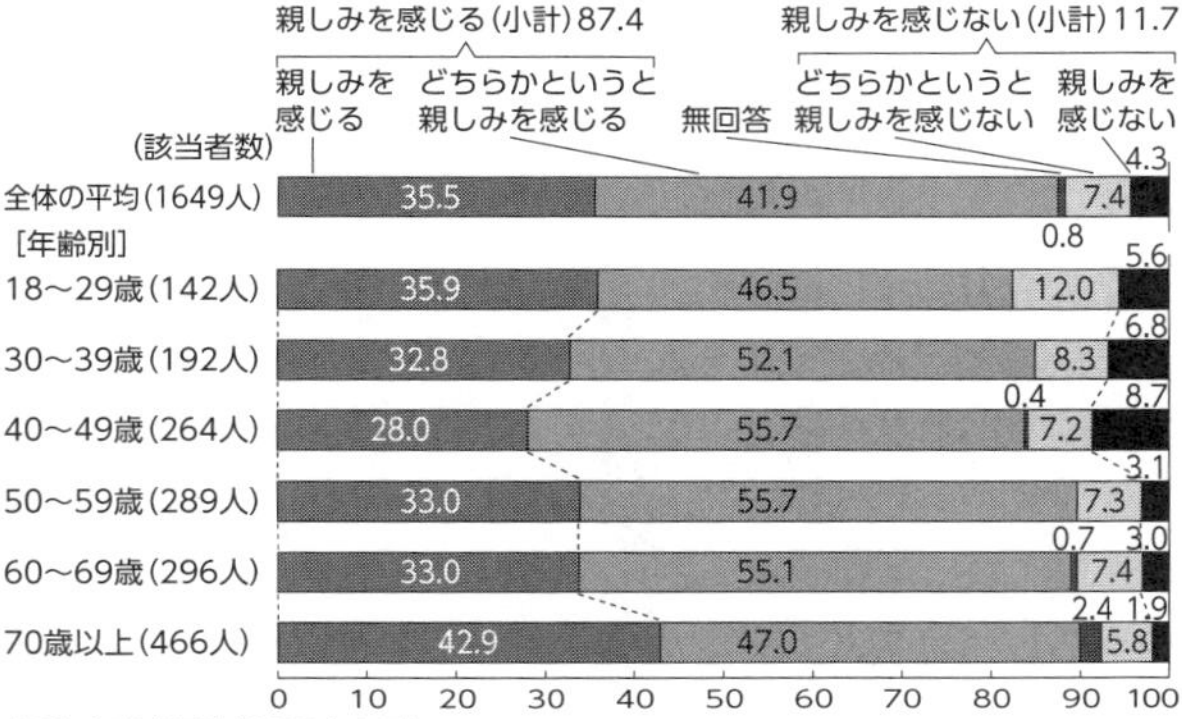

出所：内閣府調査（2023年9月）

の不信はじわじわとではあるが深まっている。小林よしのり氏にとっては、同時多発テロに至ったイスラム世界でのアメリカの悪行やイラク戦争といった「道義」に関わるアメリカの所業が「転向」の契機となったとは言え、私には、その「転向」を受け入れた日本国民の側の変化には、そうした「経済」次元の大きな日米関係の変化があったと思うのである。

内閣府は毎年9月に「外交に関する世論調査」をしているが、2023年9月に行われたその最新の結果で注目されるのは図8-2に示すように「アメリカに親しみを感じない」とする回答者と「どちらかとい

う と親しみを感じない」とする回答者の合計が最も若い年齢層で最大となっていることである。確かに18-19歳層のそれでも18％程度に過ぎず、「親しみを感じる」層よりずっと少ないが、アポロ計画などで華々しかったアメリカではなく混乱に満ちたアメリカしか知らない現代の若者の感じ方と言える。

ただし、ここで言いたいのは、さらにその先にある「経済」次元の日米関係の変化の重要性である。

経済バランスの大局的変化から見た日米中3国関係

こうした「利害得失」関係は、もっとも抽象的なレベルでアジア－日本－欧米の経済上のパワーバランス、あるいはより限定的には中国－日本－アメリカのパワーバランスとして理解することもできる。図8‐3はそのことを示している。

まず、戦前期であるが、この時、帝国主義間競争の結果として対米協調のありえなかった状況下で、経済力の劣る中国とは対抗するか協調するか、日本にはその2択しか存

図8-3　各種外交戦略の背景にあった戦前と現在のパワーバランス

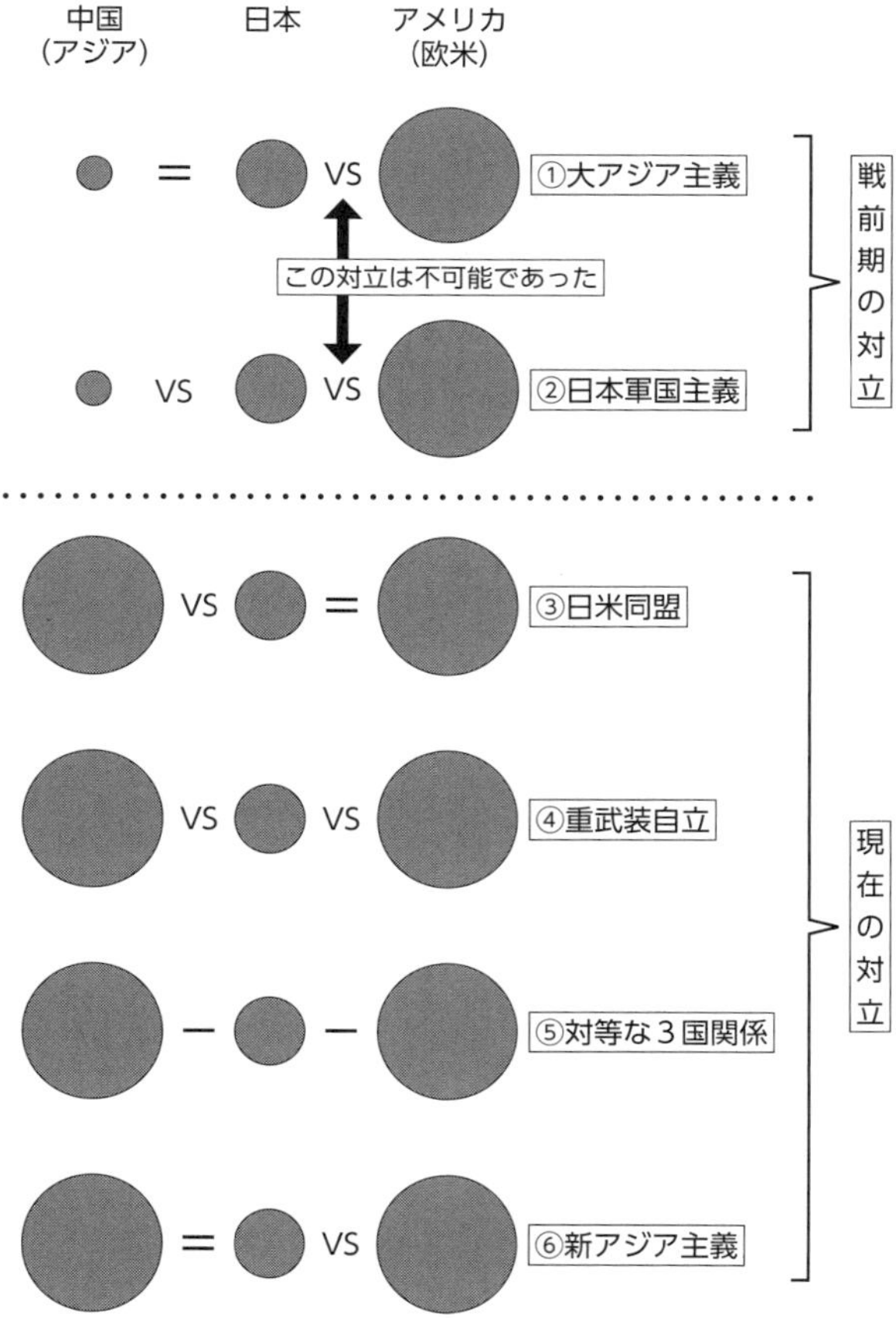

在しなかった。そして、その結果、岡倉天心などの「大アジア主義」と中国を侵略先としてしか見ない「日本軍国主義」との2つの戦略が相い争うこととなっていたのである。

だが、現在の状況はまったく違っていて、購買力平価でGDPがアメリカを上回り、貿易相手国としてもアメリカ以上に重要となった中国、さらには科学技術的にも多くの分野で世界最先端を行くようになった中国との関係の持ち方に様々なオプションが現れることとなっている。対抗するか協調するかのオプションであるが、戦後のアメリカはその両者をも規定してきた。米中の関係改善の後では日中の関係も改善し、今に至るのであるが、他方で近年はアメリカが貿易や科学技術の面で中国を警戒するようになり、現在は基本的に③のような「日米同盟」関係の下で中国は対抗勢力と見なされるに至っているからである。

しかし、この図を素直に見ればわかるように、現在のパワーバランス関係の下で、別に③の「日米同盟」だけがオプションとして存在するわけではなく、逆に日中間の協調という手もあれば（⑥の「新アジア主義」）、④の重武装自立戦略や⑤の「対等な3国関係」というものも存在する。小林よしのり氏など「反米右翼」が主張するのは基本、この④となっている。

ただし、一見理想主義に見える⑤の「対等な3国関係」のようなものも、小林よしのり氏でさえまったく存在しえないと言っているわけではない。かつて討論番組「朝まで生テレビ」出演時に「本当に、日米安保も自衛隊もなくして、丸裸の状態になり、それでもやっていく覚悟があるのならそれに賛同する」と言っているからである。そういう覚悟はないだろう、との趣旨からの発言であるが、これはこれでいくらでも議論できる論点なので、本書としては「対話しうる」との理解だけを示しておきたい。

それからもうひとつ、ここでのひとつのポイントは日本が超大国化した隣国中国とどういう関係を結ぶか、ということでもあるので、そこに2つの可能性があることをカーター政権期に安全保障担当補佐官であったズビグネフ・ブレジンスキーの言葉から示しておきたい。彼は次のように述べている。

「現在の日本の地位は、世界有数の経済大国であると同時に、地政上はアメリカの勢力圏の一部といえるが、第二次世界大戦の経験をもはや苦痛とも恥とも感じていない新しい世代が、これからもそれを受け入れるとは考えがたい。独自の歴史と自尊心をもつ日本は、中国ほどではないが、国際社会での現在の地位に不満を持っている。
…一方では、日本は文化的・感情的に中国への親近感が強く、アジア人としての共通の立場を潜在的に認識している。中国の国力が強まれば、アジアでのアメリカの優位が崩れて日本の重要性が高まり、日本にとっては有利になるとの見方もある。その一方で、中国を、長年のライバル、さきの戦争での敵国、アジア安定を脅かしかねない国と考えている日本人も多い。」（『ブレジンスキーの世界はこう動く：21世紀の地政戦略ゲーム』日本経済新聞社、１９９８年、Ｐ２３６〜２３７）

ここでは、中国の国力強化が日本のチャンスにもなりうるとの見方が示されていて非常に興味深い。もちろん、このアメリカの戦略家はそのように日本人が考えることを心底恐れて書いているのであるが、である。

いずれにしてもここで述べておきたいのは、こうしたパワーバランスの大局的な変動のもとで日本の戦略方針が揺らいでいるということ、客観的に見ればそれが模索されているということである。

「従属のメリット」が明確にあった時代が終わり、その従属を根本的に見直さなければならない時代状況となっているということである。小林氏の「転向」もまた、そうした時代状況の反映として理解したいというのがここでの結論である。

あとがき

本文中でも述べたが、私が最初にまとまって「民族」というものを考えだしたのは中国の少数民族問題に関わってからである。『中国の少数民族問題と経済格差』という本を京都大学学術出版会で出版するまでの過程で、重要なのは「民族」なのか、社会階層上の位置（階級）なのかについて考え続け、当初ははっきりと後者であったものが、その両者の関係こそが重要であり、かつまた現実の矛盾が「民族」という単位で生じているということこそが重要であると考えるようになってきている。

確かに、私には「民族は重要ではない」と叫んだ経験もあり、それにはそれなりの根拠も存在した。というのは、若いうちはどうしても実力主義的なバイアスがかかるから、「ヤマト民族は偉大だ」ということで自分を大きく見せようとする人物に向かって、「それって自分に自信がないから言ってるのではないか」、「問題はあなた自身の実力ではないか」というような対応をした。人間の価値は良い人間かどうか、優秀かそうでないかによって決まるのであって人種や民族によって決まるのではない、とのまっとうな考え方からであった。

だが、ひとつには昨年に人口問題についての本を出版するに及び、そしてさらに一水会という非常にまじめな民族主義グループと関わるようになって私の考えもかなり「民族主義寄り」になってきている。

人口問題について言えば、合計特殊出生率を2・07に戻せない社会はいつの日が「人口ゼロ」となってしまうという「民族的危機」を感じるようになったからである。実際、私自身もその後に日本人口の将来予測を行い、2120年に3900万人となること、その100年先は1300万人、200年先は400万人強……との数字がはじけてしまうこととなった（この計算手続きは小著『バブルと資本主義が日本をつぶす』の第1章参照）。「民族的危機」と言うしかない重大な問題が差し迫っているのである。

しかし、このように考えれば考えるほど、戦後の約80年にわたって続き、今もなお深刻な重みとして存在する対米従属の弊害を「民族的危機」として捉え、この問題を正面から論じる著作がなければならないと考えるようにもなっている。そして、その直接のきっかけとなったのは2022年に行った一水会での講演であった。大きな日の丸をバックに自分が講演してもよいものかどうか、一瞬のためらいもあったが、本文にも書いたような「民族」と「階級」に関する私の理解を最初に述べた上での会員諸氏との討論は極めて建設的で「同志的」なものであった。「反米」という同じ想いを基礎に違いにもリスペクトし合える「同志」という感覚である。

ただし、こうした「同志的関係」が戦後の長い期間にわたってなかなか成立しなかったのも、逆に今なら成立しそうに思えるのも、それぞれにちゃんとした理由があるのではないかと私は考えている。そのひとつは、過去には「従属のメリット」があり、今はなくなったという事情である。これは本文で何度も述べているのでここでは再論しない。

しかし、それと同時に考えてみたいのは、「民族主義」というもの、攻撃的なものと防衛的なものとがあり、日本のそれが変化しつつあるのではないか、ということである。言い換えると、まだ戦前期の残影があり中国も極小な国力しか持っていなかった段階の「攻撃的」な「日本民族主義」と、アジアにおけるプレゼンスが後退し、代わってアメリカからの独立こそを課題とするようになった段階の「日本民族主義」の違いである。日本の民族主義団体の多くはまだそのことに気づいていないように思われるが、一水会のような団体が現れ、注目をされ、『月刊日本』や小林よしのり氏の「転向」を見ると、そういう全体的な変化を感じざるを得ない。要するに時代が変化してきているのである。

本書を執筆することとなったのは、ワニブックス書籍編集部の大井隆義さんからアメリカ大統領選挙と関わって一冊、新書を書かないかと誘われたのがきっかけである。

アメリカ戦略が世界のシステムを大きく動かしているとの認識をウクライナ戦争との関係で書いていた本が目に留まったのだと想像しているが、確かに、その状況下でトランプが再選されると世界も再び大きく動く。それをいち早く予測し、その対応を急ぐことは日本にとって非常に重要である。その趣旨でこの執筆をお引き受けした次第である。

言うまでもなく、そうしてお引き受けしたテーマは「反米の選択」となった。その趣旨をここでは繰り返さないが、私の信念は、このテーマが今後ますます重要となっていくというものである。

たとえば、あと20年経てば、この「対米従属」は100年に達する。それはさすがにないだろうというか、あってはならないことに違いない。

最後に、本書執筆のお誘いをくださり、真摯に対応いただいたワニブックスと大井隆義さんに改めてお礼申し上げたい。

2024年11月6日　トランプ当選の報道を前にして　大西広

【参考文献】

会田弘継『それでもなぜ、トランプは支持されるのか』東洋経済新報社、2024年

浅羽通明『ナショナリズム　名著でたどる日本思想入門』ちくま新書、2004年

粟屋憲太郎・NHK取材班『東京裁判への道』NHK出版、1994年

伊藤国雄『口譯標注　文明論之概略』慶應通信、1972年

大下英二『孫正義　起業の若き獅子』講談社、1999年

大西広「日本航空工業の技術発展とFSX摩擦」『経済』1989年10月号

大西広編『中国の少数民族問題と経済格差』京都大学学術出版会、2012年

大西広『グローバリゼーションから軍事的帝国主義へ』大月書店、2003年

大西広『ウクライナ戦争と分断される世界』本の泉社、2022年

大西広『バブルと資本主義が日本をつぶす—人口減と貧困の資本論』ちくま新書、2024年

大矢根聡『日米韓半導体摩擦』有信堂高文社、2002年

岡倉天心「東洋の目覚め」色川大吉編『日本の名著39 岡倉天心・志賀重昂』中央公論社、1945年

小野満「「不況のゆくえ」を考える--『経済科学通信』第89号を読んで」『経済科学通信』第90号、1999年

大日方純夫・山田朗・山科三郎・石山久男『君たちは戦争で死ねるか--小林よしのり『戦争論』批判』大月書店、1999年

加藤真「韓国、台湾に競り負ける日本　賃金・受け入れ改善が急務に」『エコノミスト』2024年5月21日号。

加谷珪一「貧しくなったニッポンは「途上国型経済」を受け入れるのか…?高所得国に返り咲く最後のチャンスが迫る」講談社ウェブサイト『現代ビジネス』2024年3月6日

木村三浩『対米自立』花伝社、2018年

吉川元忠『マネー敗戦』文春新書、1998年

小林よしのり『新ゴーマニズム宣言SPECIAL—戦争論』幻冬舎、1998年

小林よしのり『新ゴーマニズム宣言SPECIAL—戦争論2』幻冬舎、2001年

小林よしのり『新ゴーマニズム宣言SPECIAL—戦争論3』幻冬舎、2003年

小林よしのり『いわゆるA級戦犯—ゴー宣special』幻冬舎、2006年

小林よしのり『ゴーマニズム宣言SPECIAL--パール真論』小学館、2008年

小林よしのり・西部邁『反米という作法』小学館、2002年

小林よしのり・西部邁『アホ腰抜けビョーキの親米保守』飛鳥新社、2003年

坂井昭夫『日米経済摩擦と政策協調』有斐閣、1991年

坂井昭夫『日米ハイテク摩擦と知的所有権』有斐閣、1994年

猿田佐世『自発的対米従属—知られざる「ワシントン拡声器」』角川新書、2017年

杉田弘毅『アメリカの制裁外交』岩波新書、2020年

鈴木邦男『愛国者は信用できるか』講談社現代新書、2006年

近條元保「経常収支が発する警告"途上国"化する日本」『エコノミスト』2024年6月4日号。

高嶋伸欣『ウソとホントの戦争論—ゴーマニズムをのりこえる』学習の友社、1999年

田中研之輔『ルポ不法移民—アメリカ国境を越えた男たち』岩波新書、2017年

田原徳容『ルポ不法移民とトランプの闘い—1100万人が潜む見えないアメリカ』光文社新書、2018年

堤未果『株式会社アメリカの日本解体計画』経営科学出版、2021年

戸谷由麻著『東京裁判—第二次大戦後の法と正義の追求』みすず書房、2008年

日本経済新聞社『日米摩擦　ミクロの深層』日本経済新聞社、1989年

日暮吉延『東京裁判』講談社現代新書、2008年

古谷経衡『草食系のための対米自立論』小学館新書、2018年

保阪正康『東京裁判の教訓』朝日新書、2008年

星野卓也「なぜ政府純債務はコロナ前より少なくなったのか?—隠れた円安効果とイギリスとの違い」『Economic Trends』2022年10月6日

孫崎享『アメリカに潰された政治家たち』河出文庫、2021年

丸川知雄「液晶パネル産業における中国の躍進」『比較経済研究』第61巻1号、2024年

山本哲三「世界の機械産業の現状と日本企業の国際競争力(2021年版)」『機械振興協会経済研究所小論文』No.27、2022年

矢部拓也・野続祐貴「北海道におけるインバウンドを活かした健全な地域形成とはなにか?—外国人富裕層向けツアーコンシェルジュのライフヒストリー:夏の北海道ニセコ地区、空知地区・美唄市でのサイクルツーリズム立ち上げを事例として--」『徳島大学社会科学研究』第30号、2016年

渡部恒雄「トランプ2.0はNATOとウクライナの試練に　台湾情勢で米中緊張の激化も」『エコノミスト』ONLINE 2024年9月2日

エズラ. F. ヴォーゲル(広中和歌子、木本彰子訳)『ジャパン アズ ナンバーワン —アメリカへの教訓—』TBSブリタニカ、1979年

ズビグネフ・ブレジンスキー(山岡洋一訳)『ブレジンスキーの世界はこう動く:21世紀の地政戦略ゲーム』日本経済新聞社、1998年

ハーバート・フーバー著、ジョージ・H・ナッシュ編(渡辺惣樹訳)『裏切られた自由:フーバー大統領が語る第二次世界大戦の隠された歴史とその後遺症』草思社、2017年

ビル・トッテン『日本は略奪国家アメリカを棄てよ』ビジネス社、2007年

J.D.ヴァンス(関根光宏・山田文訳)『ヒルビリー・エレジー』光文社未来ライブラリー、2022年

Ito, Takatoshi., Eiji Ogawa, and Nagataki Sasaki, "How did the Dollar Peg Fall in Asia?" 日本経済学会1998年度大会提出論文、1998年

McKinnon, Ronald I., "Exchange-Rate Coordination for Surmounting the East Asian Currency Crises," Asian Economic Journal, vol.12, no.4, 2002.

大西 広（おおにし　ひろし）

1956年生まれ。1980年京都大学経済学部卒業、1985年京都大学大学院経済学研究科博士後期課程修了。1989年京都大学経済学博士。1985年立命館大学経済学部助教授、1991年より京都大学経済学部／経済学研究科助教授、教授を歴任。2012年より慶應義塾大学経済学部教授。2022年3月31日慶應義塾大学定年退職。京都大学および慶應義塾大学名誉教授。世界政治経済学会副会長。主著に『マルクス経済学（第3版）』（慶應義塾大学出版会）、他にマルクス経済学や中国問題に関する著書多数。

反米の選択
トランプ再来で増大する〝従属〟のコスト

２０２４年12月10日　初版発行

著者　大西　広

発行者　髙橋明男
発行所　株式会社ワニブックス
〒１５０-８４８２
東京都渋谷区恵比寿４-４-９えびす大黑ビル
ワニブックスＨＰ　http://www.wani.co.jp/
（お問い合わせはメールで受け付けております。
ＨＰより「お問い合わせ」へお進みください）
※内容によりましてはお答えできない場合がございます

装丁　フロッグキングスタジオ
フォーマット　橋田浩志（アティック）
校正　東京出版サービスセンター
編集　大井隆義（ワニブックス）

印刷所　ＴＯＰＰＡＮクロレ株式会社
ＤＴＰ　株式会社 三協美術
製本所　ナショナル製本

ISBN 978-4-8470-6710-5
WANI BOOKOUT　http://www.wanibookout.com/
WANI BOOKS NewsCrunch　https://wanibooks-newscrunch.com/